JACINTA LA PELIRROJA

clásicos CC *castalia*

COLECCIÓN FUNDADA POR
DON ANTONIO RODRÍGUEZ-MOÑINO

DIRECTOR
DON ALONSO ZAMORA VICENTE

Colaboradores de los volúmenes publicados:

JOSÉ MORENO VILLA

JACINTA LA PELIRROJA

Edición,
introducción y notas
de
RAFAEL BALLESTEROS Y JULIO NEIRA

Madrid

© Herederos de José Moreno Villa, 2000
© Editorial Castalia, 2000
Zurbano, 39 - 28010- Madrid
Tel. 91 3195857 - Fax- 91 3102442
Página web: http://www.castalia.es

Cubierta de Víctor Sanz

Impreso en España - Printed in Spain
I.S.B.N.: 84-7039-867-9
Depósito Legal: M. 38.179-2000

SUMARIO

INTRODUCCIÓN BIOGRÁFICA Y CRÍTICA   7

    Historia de *Jacinta*   17

    La poesía de Moreno Villa en su tiempo...   40

    Jacinta la pelirroja   45

NOTICIA BIBLIOGRÁFICA   61

BIBLIOGRAFÍA SELECTA   67

NOTA PREVIA   71

JACINTA LA PELIRROJA   73

    1.ª Parte   75

    2.ª Parte   103

INTRODUCCIÓN

BIOGRÁFICA Y CRÍTICA

Según su partida de nacimiento José Moreno Villa nace en la tarde —él dice en su autobiografía[1] "a eso de las tres" mientras que en su partida se especifica "a las cuatro"— del 16 de febrero de 1887, en la calle de los Carros, número 1[2] de Málaga. La calle estaba situada en el centro de la ciudad, cara al puerto y a la catedral y en unos terrenos en los que, una vez ganados al mar, la ciudad contaría con los necesarios para urbanizar el Parque y la actual plaza de la Marina. Su padre, hombre callado, trabajador y muy religioso, se ocupaba en el negocio que creó el abuelo, una empresa exportadora de vinos llamada Moreno Monzón, y su madre, severa, inteligente, se dedicaba por completo a llevar la casa familiar adelante —fueron 5 los hijos que llegó a tener el matrimonio— pero siempre con tiempo suficiente para gozar, por ejemplo, de las lecturas de Bécquer de quien se sabía de memoria las *Rimas*.

Fue bautizado con toda seguridad —otros investigadores han señalado la iglesia del Sagrario— en la de los Mártires, el 14 de marzo de 1887, con los nombres de José,

[1] *Vida en claro.* El Colegio de México. México. 1944.
[2] López Frías, A.: *José Moreno Villa: Vida y poesía antes del exilio (1887-1937)*. Diputación Provincial. Málaga. 1990.

Miguel, Luis, Antonio, Julián, Ciriaco de la Santísima Trinidad, cerca del domicilio de sus abuelos paternos creadores de la empresa vinícola y que vivían en "una casa señorial" donde colgaban cuadros de Murillo, Juan de Juanes, etcétera.

Sus abuelos maternos, que vivían en el mismo edificio de calle Carros, en el piso alto, eran Antonio Villa y Choza, oriundo de Bailén y del que dice José "si no me equivoco era marqués de la Villa de Jódar y señor de Bélmez y de Villarín", y Luisa Corró y Ferrer, de Málaga, de la que dice Moreno Villa refiriéndose a sus últimos años: "su vida se redujo a salir de la cama para sentarse en la butaca... habiéndose quedado sola por la muerte de mi abuelo... me pasaron del piso de los niños al suyo; y allí viví hasta mi salida para Madrid". Allí también comenzó José a pintar y a modelar el barro.

La familia tenía una finca en Churriana, un pueblecito ubicado a unos pocos kilómetros de Málaga, que fue para él "lugar de lectura, apartamiento y soledad" y que le sirvió, sobre todo, para deberle al campo "parte de lo humano que yo tenga. Y entiendo por humano, atención lenta y cariño para todo".

La otra referencia central de su vida terminaría por ser el mar. Aquel mar prácticamente a la puerta de su casa, presente desde su habitación y desde su silla en la mesa del comedor familiar, que se convertiría para siempre en la imagen esencial de su niñez y adolescencia malagueñas y que significaría, al mismo tiempo, el descubrimiento de la injusticia social: "en la playa conocí el dolor del trabajo".

Antes de entrar en el Colegio de los jesuitas de El Palo, barriada de pescadores de las afueras de la ciudad donde estuvo cuatro años interno, fue alumno de otros colegios malagueños y al ser expulsado del de los jesuitas por algunos actos de indisciplina, a partir del 5.º curso se examinó como alumno libre en el Instituto de enseñanza pública de la ciudad. Allí concluyó el bachillerato con notas muy brillantes.

A partir de 1901-1902, es decir, con 14-15 años, va formando su propia biblioteca: Zorrilla, Espronceda, Duque de Rivas, Núñez de Arce, Gracián, Teresa de Jesús, Benito Pérez Galdós y algún autor extranjero como Heine.

Un año más tarde, y terminado ya su bachillerato, empiezan las presiones de toda la familia, presiones lógicas por otra parte, para que estudiara la carrera de Químicas y así prepararse para trabajar en el negocio de la familia como analizador de vinos.

Estas presiones coinciden con los meses en que José, junto a su primo Antonio Duarte Moreno, mayor que él y que era "guapo, fuerte, rico, bebedor y mujeriego", frecuenta el Café de Chinitas y el Café de España —famosísimos en la época— y se aficiona al "cante jondo" —afición que le acompañaría toda su vida— y a la "rebeldía y holganza". Frecuenta también tabernas y "tenduchas" y en una de ellas, un Jueves Santo, presionado por su primo y otros acompañantes, primero salta la prohibición católica de comer, en esos días de ayunos y abstinencias, unas chacinas —"mi crisis religiosa estaba tierna todavía"— y segundo, mientras sale una procesión de una iglesia cercana, le incitan a tener su primera experiencia sexual ("la mujercilla se aferraba a mí"), mientras su primo y los otros acompañantes parecían confabulados en presenciar y jalear la escena que José termina, en su "Vida en claro", con esta frase: "El muchacho tuvo que demostrar su hombría y subió".

"Diez y siete años. Éstos tenía yo cuando mi padre me puso en el barco". El destino era Friburgo, una de las sedes universitarias más prestigiosas de Alemania, para que allí estudiara la carrera de Químicas. José se esfuerza, desde el primer momento, por integrarse y comienza a ampliar, con lecturas de autores fundamentalmente europeos, su cultura literaria: Schiller, Uhland, Verlaine, Poe, Novalis, Stendhal, Flaubert, Leopardi, y se apasiona por los escritores de lengua alemana entonces famosos: Zweig, Rilke, Hofmannsthal.

Ya con 20 años, en 1907, aunque continúa en Friburgo, en la práctica ha abandonado sus estudios y amplía sus conocimientos humanísticos con todo tipo de lecturas, ahora, principalmente inglesas.

Muy poco tiempo después abandona de manera definitiva sus estudios de Química y con ellos Alemania. Vuelve a Málaga donde se introduce de inmediato y con verdadera vehemencia en el mundo cultural de su ciudad que, en esos momentos, pasaba por una actividad muy dinámica y atractiva.

Por un lado, existía la llamada "peña malagueña" formada por Paco y Ricardo de Orueta, García Morente, y los hermanos Jiménez Fraud (Alberto y Gustavo), que, con el propio Moreno Villa, vivificaron la vida provinciana malagueña, auspiciando revistas literarias como *Gibralfaro* —donde José publica sus primeros poemas— o trayendo a Málaga a diversos intelectuales de prestigio, Miguel de Unamuno entre ellos.

En su autobiografía cuando hace referencia a su profunda amistad con los Jiménez Fraud, amistad que sería crucial años después para su vinculación a la Residencia de Estudiantes en Madrid, escribe Moreno Villa: "En casa de los Jiménez Fraud pasaba más tiempo que en la mía". Contaba José por entonces 21 años.

En 1910, después de sufrir "unas larguísimas fiebres de Malta", decide abandonar Málaga y afincarse en Madrid, en el número 36 de la calle de Serrano. Allí traba amistad de inmediato con Américo Castro, Ortega, Giner de los Ríos, Pío Baroja, Solalinde, Ayala, Azorín, Díez-Canedo. Y allí comienza, calcando miniaturas y fotografiando códices, su relación con la sección de Arqueología e Historia del Centro de Estudios Históricos y empieza a cursar los estudios correspondientes a la Sección de Historia del Arte en la Universidad Central de Madrid. Como ha señalado la profesora Rosa Romojaro: "Sus investigaciones como medievalista y sus viajes con Gómez-Moreno por pueblos castellanos constituirían una base temática fundamental en numerosos poemas y relatos de sus primeros libros".[3]

Con la publicación de *Garba* a sus expensas, en 1913, su vida toma el rumbo definitivo de las humanidades: estudios históricos, poesía, teatro, más tarde la pintura y, en paralelo, su actividad como articulista en diversos periódicos.

Ya en 1916 inicia sus amores con "una moza de pueblo" (Felisa) que moriría un año después y es entonces, y por mediación de Juan Ramón Jiménez, cuando empieza sus colaboraciones con la Editorial Calleja. Allí trabajará hasta 1921.

El año de 1917 es absolutamente crucial en la vida de José. Jiménez Fraud le invita, a título de residente-tutor, a la Residencia de Estudiantes. Sus obligaciones se limitaban a acompañar a los internos los sábados al Museo del Prado, hacer los dibujos-retratos de los conferenciantes que acuden a la misma (que luego se publicarían en la revista de la Residencia), y algunas actividades más de este tipo.

Desde que ingresó en ella —"dudando" dice él— ocupa siempre la misma habitación en la parte alta de uno de los dos pabellones —que en la actualidad tienen tres pisos pero que en los años iniciales de la Residencia tenían dos—, y allí —después consiguió una ampliación que le facilitó su dedicación a la pintura— estuvo con su "caballete, los lienzos, las pinturas y los tarros de aguarrás" prácticamente sin interrupción hasta el 19 de noviembre de 1937. Esas breves interrupciones fueron principalmente dos: cuando obtuvo su plaza de archivero en 1921 y estuvo destinado a Gijón, donde vivió unos meses, y cuando marchó a Nueva York para conocer —mejor sería decir para ser examinado— a la familia de Florence (*Jacinta*).

Con las publicaciones de *Garba, El pasajero* (1914), *Luchas de penas y alegrías* (1915), *Evoluciones* (1918) y el

[3] MorenoVilla, J.: *Antología poética*. Edición, introducción y selección de Rosa Romojaro. Biblioteca de la cultura andaluza. Sevilla. 1993.

prólogo a la edición del *Diálogo de la lengua* de Juan de Valdés que publicó en la Editorial Calleja el año 1919, Moreno Villa se asienta como un escritor reconocido y respetado por todos aquellos que desde estos años hasta la diáspora de 1939 (final de la guerra civil española), constituían, sin duda, el grupo creador más vigoroso e innovador de las humanidades españolas de todo el siglo XX. Por otra parte, compartiendo la Residencia con Moreno Villa estuvieron Lorca, Buñuel, Dalí, Prados, Pepín Bello, etcétera. José tenía más de 30 años y los otros andaban por la veintena, pero las relaciones fueron fluidas, sinceras y respetuosas siempre.

Cuando en 1922, al ser destinado como archivero de la Biblioteca de la Facultad de Farmacia de la Universidad de Madrid, puede abandonar Gijón y volver a la Residencia, empieza para José una etapa larga y tranquila dedicada al trabajo intelectual —su labor creadora, además de ediciones críticas, traducciones, conferencias—, a la amistad —Baroja, Azorín, Machado— y al ocio —alquila una casa en Toledo, llamada "el ventanillo", con Solalinde, Alfonso Reyes y Américo Castro— y, al mismo tiempo, comienza una dedicación febril a la pintura (él llega a decir: "me puse a pintar con verdadero fanatismo"). Todas esas actividades y su tranquilidad de ánimo se interrumpen de manera inesperada y radical, al conocer a Florence, precisamente en la casa de Jiménez Fraud, en noviembre de 1926, muy cerca ya de cumplir los cuarenta años.

Es en esas fechas precisamente cuando mejora de manera notable su situación económica —que nunca llegó a resolver de manera satisfactoria y continuada—, al contar con el sueldo de archivero y aceptar un doble ofrecimiento: el de ser director de la revista *Arquitectura* y colaborar en el diario *El Sol*.

Esta nueva situación y la actitud de Florence, al inicio de su relación con José, hacen que éste piense seriamente en casarse. El posterior fracaso, ya en 1927, está reflejado en *Jacinta la pelirroja* (1929) y estudiado por nosotros con la máxima atención en las siguientes páginas. A ellas nos remitimos.

Cuando vuelve de Nueva York y se asienta de nuevo en la Residencia, su actividad como escritor, pintor y también como conferenciante, articulista e investigador, se acentúa extraordinariamente. Expone sus cuadros en el Salón de Automóviles Chrysler de Madrid (1927) y en el Ateneo de la misma ciudad (1928); se presenta a diversos premios nacionales de pintura; forma parte de una exposición colectiva en California (1930); expone en el Museo de Arte Moderno; pronuncia diversas conferencias sobre arquitectura en la propia Residencia; prologa *La flor de California* (1928) de José María Hinojosa; colabora en diversas revistas (*Papel de aleluyas, Alfar, Verso y prosa...*); publica *Jacinta la pelirroja* (1929), *Antología* (1930), *Carambas* (1931), *Puentes que no acaban* (1931) y colabora con frecuencia en el diario *El Sol* con series de artículos como "Estudios superficiales" y más tarde "Pobretería y locura". Por otra parte, su situación económica mejora y su posición social obviamente también, cuando es nombrado director del archivo del Palacio Nacional.

Son sus años más apacibles. También los más creadores. Hasta que llega julio de 1936, comienzo de la guerra civil, que trastocará de manera profundísima la vida de José.

Desde ese 18 de julio hasta el 27 de noviembre del año 1937, que es el día en que con otros intelectuales es evacuado de Madrid a Valencia, José —que apoya sin reservas el gobierno democrático de la República— sigue con toda dedicación su trabajo de archivero y, en lo posible, su trabajo intelectual. Se alista voluntario, se afilia —por indicación de Tomás Navarro Tomás— en la FETE (Federación Española de Trabajadores de la Enseñanza de UGT), se inscribe en sus milicias y continúa en la Residencia —que ya ha sido abandonada prácticamente por todos los residentes— hasta el último minuto de su estancia en Madrid. ¿Adivinaba que no volvería jamás?

Una vez en Valencia realiza una labor extraordinaria. Escribe romances de guerra, artículos en diferentes medios de comunicación (uno de ellos, sobre el asesinato de Lorca), participa en la antología *Poetas en la España leal* y aprende la técnica de la litografía en los talleres de Renau; por otra parte, con Gil-Albert, León Felipe, Bergamín y otros, decide la publicación de una revista que se llamará *Hora de España* precisamente por una sugerencia de José, y, con la ayuda de Tomás Navarro Tomás, hace el inventario de los libros traídos desde la Biblioteca de El Escorial hasta la capital valenciana. Interrumpe toda esa actividad para volver de nuevo a Nueva York, esta vez en embajada cultural e invitado por el Gobierno de la República española.

Una vez allí, ya con cincuenta años, en 1937, prepara algunas conferencias y expone sus dibujos de la guerra en varias ciudades norteamericanas. En Nueva York tiene un breve contacto con los padres de Florence (*Jacinta*), que anteriormente lo habían rechazado de plano y que ahora tienen con él un trato cordial y considerado.

Está en los Estados Unidos hasta el mes de mayo del mismo año, en el que, siguiendo la invitación de Genaro Estrada, diplomático mexicano, parte hacia México capital. Estrada se convertirá en su amigo íntimo. Las visitas a casa de su amigo son prácticamente diarias y en estas fechas iniciales empieza a trabajar como catalogador de obras de arte para "Bienes culturales" de México. En junio y en la ciudad de Taxco, de manera casual, se encuentra de nuevo con *Jacinta* con la que prueba a convivir de nuevo. A las pocas semanas, la experiencia se convirtió en un nuevo fracaso. (Hacemos referencia a estos hechos con más prolijidad en las próximas páginas).

En septiembre de 1937 muere su íntimo amigo, que deja viuda, Consuelo Nieto, y una hija. Un año más tarde, ya con 52 años, se casará con Consuelo, 23 años más joven que él, de la que tendrá un único hijo, José, el año 1940.

En su autobiografía escribe refiriéndose a estos años: "Los estados de depresión que atravesé desde el año 1937 han sido numerosos y grandes". El desarrollo de la guerra civil española cada vez era peor para las fuerzas democráticas y él, a nivel personal, se sentía un tanto solitario y desamparado y sin poder solucionar con suficiente desahogo sus necesidades económicas más perentorias.

Empieza una reubicación humana y social muy difícil. Participa en la fundación de la Casa de España (1938), es nombrado miembro del Colegio de México (1940), expone sus pinturas en diferentes salas mexicanas e imparte numerosas conferencias. Poco después inicia la publicación de algunos nuevos libros[4] de muy diversa índole y también sus colaboraciones —más o menos esporádicas— en diversas revistas y algunos medios de comunicación. (A decir verdad, y como él mismo señala con evidente tristeza, los grandes peródicos mexicanos casi nunca contaron con él).

En 1943 cae gravemente enfermo y decide escribir, dedicada a su hijo José, su autobiografía. Publicada un año después por el Colegio de México con el título *Vida en claro,* es la base fundamental, por otra parte, de todas estas páginas.

Ese mismo año, bajo su dirección, y con la colaboración de Manuel Altolaguirre, Emilio Prados, Juan Rejano y Francisco Giner de los Ríos, publica, en la capital mexicana, la revista *Litoral* en su tercera época.

En 1944 su actividad editorial aumenta extraordinariamente[5] y también el número de conferencias que imparte

---

[4] *La noche del Verbo,* Tierra Nueva, México, 1941. *Cornucopia de México,* La Casa de España en México, 1940. *Doce manos mexicanas,* Eds. R. Loera y Chávez, México, 1941. *Locos, enanos, negros y niños palaciegos. Gente de placer que tuvieron los Austrias en la Corte Española desde 1563 a 1700,* La Casa de España en México y Edit. Presencia, México, 1939. *La escultura colonial mexicana,* El Colegio de México, México, 1941.

[5] *Vida en claro,* El Colegio de México, México, 1944. *Leyendo a...* El Colegio de México, México, 1944. *Pobretería y locura,* Leyenda, México. 1945. *Lo que sabía mi loro.* Isla. México. 1945. Traducción de *La señorita Elisa* de A. Schnitzler, Leyenda, México, 1945.

en diversos centros culturales y en varias universidades. También comienza la realización de retratos al óleo de personajes famosos (el de la conocidísima actriz María Félix, por ejemplo). Con ellos conseguía algunos ingresos que mejoraban en parte su situación económica.

A partir de 1946 empieza a concretarse la posibilidad de que la Editorial Losada, quizá la de mayor prestigio de toda la América de lengua española en esos momentos, le publique una extensa antología de su obra poética. Esa posibilidad, que a José le producía una extraordinaria ilusión, no la vio cumplida hasta el año 1949.[6]

En estas fechas intensifica el número de sus colaboraciones periodísticas —en *El Nacional,* en el *Novedades...*— y el de sus exposiciones de pintura, e inicia una fluida correspondencia con algunos escritores españoles residentes en España, como José Luis Cano, Rodríguez Spiteri, etcétera. Esos contactos le posibilitan publicar en varias revistas españolas, como *Caracola,* entre otras.

Mantiene hasta el final de sus días, 25 de abril de 1955, inalterable su vasta actividad. En febrero de ese año le escribe a Bernabé Fernández Canivell, que le había pedido unos poemas para publicarlos en Málaga: "Estoy sufriendo de la vesícula biliar y de gran dificultad respiratoria. No tengo ganas de nada... Como una presentación correcta y hasta bien paginada como hacen otros exige papel y gastos, he recurrido a la miseria de amontonarlas en la forma que ve... Y no sigo porque me duele la espalda y el alma".

Su hijo José nos ha dejado el siguiente testimonio: "El último libro que tuvo en sus manos fue el tomo de las Obras Completas de Federico García Lorca".

Lo enterraron en el Panteón Español. Cubrieron el féretro con una bandera republicana.

---

[6] *La música que llevaba, 1913-1947,* Losada, Buenos Aires, 1949.

Historia de *Jacinta*

Jacinta la pelirroja es la crónica poética de la relación amorosa que Moreno Villa mantuvo con una joven norteamericana —de la que conoceremos su nombre real: Florence, pero no el apellido familiar— entre 1926 y 1927. Relación que él mismo recordaría en *Vida en claro* muchos años después de fracasada. En su autobiografía declara haber conocido a *Jacinta* a finales de noviembre de 1926 en casa de Alberto Jiménez Fraud. Como antes dijimos, él estaba entonces a punto de cumplir cuarenta años; archivero, poeta y pintor, vivía en la Residencia desde 1917 ejerciendo difusas labores de tutor de los estudiantes. Pero la fuerza de su prestigio personal y el peso de sus opiniones en el ambiente intelectual del momento eran muy superiores a lo que su sencillez y su modestia parecían indicar. Era, a todos los efectos, un respetado *señor mayor,* al que Muñoz Rojas [1992:66] recordará "hombre moreno, de muy buen color, el pelo entrecano, ojos negros y penetrantes, porte mediano, muy andaluz y malagueño en su apariencia. Vestía con cuidado y sencillez, usaba corbata de pajarita, con un aire fino y señorial todo él". De Florence sabemos poco; no conocemos qué edad tenía, pero nos es suficiente la concisa e intensa descripción del aspecto con que Moreno Villa la recordaría: "Era una joven yanqui, rubia y admirablemente formada y vestida" (*Vida,* 123);[7] o esta otra más explícita y sensual de "La niña violenta":

> Alta y elástica, dura y blanda en sus puntos y según leyes de perfección, limpia, y acariciada más que guarecida en telas que son velos, sin memoria ya de camisas, corsés, fajas ni piezas de la tradicional indumentaria, va y viene, monta y baja con nervio seguro, sin retemblores de carne flácida y sin apariencia de dudas intelectuales. Con ímpetu gimnástico irrumpe en todos los órdenes de la vida.
>
> (*Pruebas de Nueva York,* p. 61).

[7] Citaremos en adelante por la reimpresión de *Vida en claro* de 1976. El número corresponde a la página.

Él no dudará en confesar la consecuencia de aquel en-cuentro: "Yo quedé embobado". No resulta extraño que diez años después de una primera y trágica experiencia amo-rosa, terminada con la muerte de la amada, el reflexivo y es-céptico Moreno Villa se viera sacudido por una gran pasión hacia esta mujer joven, a la que conoce en toda su plenitud. Sobre todo cuando venía padeciendo los crueles efectos de la soledad: "De cuando en cuando me acometían unas terri-bles angustias. Bajaba la tensión de mi espíritu y encontraba que todo carecía de sentido" (*Vida*, 123). Mucho más sor-prendente será comprobar que el efecto de *Jacinta* en su vi-da y en su personalidad habría de ser —como luego se verá— mucho más intenso y duradero de lo que el poemario refleja y en *Vida en claro* él mismo llega a admitir.

Pero ¿quién era esta muchacha a la que el director de la Residencia invita a casa, como a Chesterton, H. G. Wells o el conde de Keyserling cuando venían a dar conferencias a la institución? Sabemos que sus amistades neoyorquinas la de-finirían como "mujer de lujo, aunque tenga afición a la vida de los artistas. Se le antojan viajes a cada paso; y viajes caros. A Rusia, a Egipto, a Italia. Todos los años va a Europa" (*Vi-da,* 138). Es fácil deducir que ese año de 1926 esta rica muchacha americana había decidido viajar a España, donde sería alumna de los cursos para extranjeros organizados por el Centro de Estudios Históricos, presidido por don Ramón Menéndez Pidal. El curso más importante era el de verano, impartido en los pabellones de la Residencia; pero había otros también en otoño y en invierno. En 1926 en concreto el curso de otoño empezó el 11 de octubre y terminó el 21 de diciembre,[8] y las clases se celebraron en la sede del centro en la calle Almagro, número 26. De los setenta alumnos matri-culados, exactamente la mitad eran norteamericanos. La in-formación de la revista *Residencia* no incluye relación del

---

[8] *Vid.* "Cursos para extranjeros", en *Residencia,* Madrid, año I, núm. 3, pp. 259-260.

alumnado, ni al parecer se conservan actas en las que rastrear sus nombres. Pero una de ellas debió de ser Florence.

En el Curso general estudiaría Fonética, Lengua y Literatura española. Había además cursos especiales que abordaban el análisis práctico de la entonación y la versificación españolas. Historia de la civilización española, Español comercial y Características regionales de la literatura española (denominada Geografía literaria). El claustro de estos cursos estaba compuesto por una nómina verdaderamente ilustre de especialistas. De modo que debieron conocer a *Jacinta* como profesores: Tomás Navarro Tomás, Amado Alonso, Dámaso Alonso, Américo Castro, Federico Ruiz Morcuende, Samuel Gili Gaya, Claudio Sánchez Albornoz, Antonio Valcárcel y Andrés Ovejero. Los alumnos podían asistir asimismo a las clases universitarias de Filología Románica e Historia de la Lengua Castellana que impartían en el centro Menéndez Pidal y Américo Castro.

Residencia sí añade una información que nos es de utilidad: "Algunas alumnas norteamericanas graduadas de universidades de su país se inscribieron en el club de las universitarias norteamericanas. Dicho club [...] tiene su sede en el pabellón de la citada Residencia de Señoritas, Fortuny, 53, y allí se celebraron los tés y conferencias que organizó la Asociación".[9] Entre los conferenciantes se menciona al Sr. Cunningham, agregado comercial de la Embajada norteamericana. Éste debió de ser quien acompañara a Florence a buscar a Moreno Villa aquella noche inicial: "Pero aquella misma noche vino a buscarme y me sacó vivamente de la Residencia. Vino con un secretario de la Embajada americana y fuimos a un piso de la calle de Serrano..." (*Vida*, 123).

Es fácil suponer que Florence habría sido encarecidamente encomendada por su padre, importante banquero, a la Embajada norteamericana, y que ésta hiciese lo mismo con el director de la Residencia. Jiménez Fraud, siempre

[9] *Íbid.* p. 260.

cortés anfitrión, haría los honores a la rica norteamericana y para ello pediría a su viejo amigo Moreno Villa que asistiera a la velada, donde quedó deslumbrado.

Aunque resulta probable que la muchacha participara también en las visitas al Museo del Prado, actividad del curso que guiaba Moreno Villa, no tenemos ninguna constancia documental, ni él lo mencionará luego. Sí conocemos bastante bien la relación del malagueño con un curso para extranjeros similar, el del verano de 1928, posterior por tanto a su experiencia norteamericana. En un reportaje periodístico con intenciones literarias y no poca guasa muy del momento, Arconada [1928] reflejó el ambiente de estos cursos que dirigió Pedro Salinas: el estudio riguroso y bastante panorámico de la cultura española, junto a actividades alternativas como las visitas a museos, las excursiones a los alrededores de Madrid, y la diversión de las veladas de jazz los viernes tras la cena. Por este reportaje sabemos que Moreno Villa participaba con la conferencia complementaria "La pintura moderna española" en este curso. ¿También en el de 1926? Aunque Arconada destaca sobre todo su actividad de lo que llama *pintor de cámara*:

> En el extremo de una alta galería, frente a la luz, frente a la sierra, Moreno Villa tiene su cuarto —revuelto— de pintor. Hasta esta celda llegan las novicias —alumnas— a posar. Hasta esta celda llegan los frailes residentes a conversar con el padre Moreno Villa, que tiene unas manos primorosas para bordar sobre el papel caprichosos dibujos [...] Moreno Villa es el pintor. El pintor de la cámara. El pintor —y el poeta— que corresponde a esta institución de estudiantes modernos, avanzados, liberales y deportistas.

En el artículo se repoducen dos de los "numerosos dibujos de las alumnas" que el poeta tenía en su cuarto, junto a otros de Salinas y Dámaso Alonso, además de un friso alusivo al curso en el que cabe "el jazz-band de las veladas", en palabras de Moreno Villa.

Éste narró su relación con Florence con bastante amplitud en el capítulo undécimo de *Vida en claro,* que tiene como título el significativo "Segunda vez la manta a la cabeza". A diferencia de la discreción y el pudor con que hasta entonces venía refiriéndose a los episodios de su vida,[10] ahora no escatima pormenores sobre las vicisitudes de su aventura sentimental trasatlántica. Y hay una razón para ello: no fue una relación pasajera ni superficial, como una lectura ligera del poemario pudiera hacer entender. Por el contrario, la norteamericana le conmocionó de forma tan intensa que al redactar en 1944 ese capítulo autobiográfico no se estaba refiriendo a una historia emocionalmente superada, sino a una huella afectiva aún muy profunda.

En síntesis, después de aquella velada en casa de Jiménez Fraud, Florence regresó a buscarle. Sin duda fue ella quien tomó la iniciativa. Le llevó primero a un piso de la calle de Serrano donde un nutrido grupo de extranjeros oía música en un ambiente de densa penumbra. Después dos o tres parejas continuaron la charla y la bebida en casa de la propia *Jacinta,* que ejercía de traductora para el malagueño. Nuevo traslado, ya solos ellos dos, a medianoche a un café de la calle de Alcalá, donde él constata el origen judío de la joven, circunstancia que tanta trascendencia tendría en el desenlace de su relación. El impacto de aquel primer encuentro se expandiría irresistible en los días sucesivos:

> Quiso enseñarme inglés y todas las noches nos reuníamos en su casa para leer. De las lecturas pasamos a los dibujos[11] y de éstos a las conversaciones íntimas y a los primeros besos. Yo vivía fuera de mí (*Vida,* 125).

[10] Especialmente respecto a su primera relación amorosa con *Felisa,* criada de Cuenca "dulce y sabrosa", que frustró la muerte por tuberculosis de la muchacha. Experiencia que le dejó "maltrecho, alicaído" (*Vida,* 101), sobre la que aquí no da detalles pero que relata en el cuento "Enigma y clave" que abre su libro *Patrañas* (1921).

[11] Al menos se conserva un dibujo suyo —*Retrato de Florence*—, hecho con tinta y color sobre cartulina, en la Biblioteca Nacional de Madrid con la referencia AB 4669. *Vid.* Pérez de Ayala, ed., 1987: 140.

Los acontecimientos se precipitan con rapidez. En Navidad una gripe le retiene en cama, no puede verla, y sus cartas y recados incrementan la urgencia amorosa de quien ya no era precisamente un adolescente. Enseguida empiezan a hablar de boda. Al tiempo Moreno Villa recibe el ofrecimiento de encargarse de la revista de la Sociedad de Arquitectos, lo que le complementaría sus ingresos de archivero hasta las mil pesetas al mes; eso les decide a iniciar una vida en común. Empiezan los preparativos, Florence comunica la noticia a su familia y aparecen las dificultades: "Los nervios estaban en una tensión insostenible. Hubo hasta momentos de discrepancia y anulación de lo convenido. Llegamos a separarnos, pero vino a buscarme otra vez" (*Vida,* 125-126). De nuevo la iniciativa es de la muchacha. En las notas preparatorias para sus memorias[12] Moreno Villa recordaba con más detalle el episodio, que desechó en el libro; vale la pena rescatarlo porque es muy ilustrativo de tensiones cotidianas que llegaron a producirse:

> Mal augurio. // Me abandona en la Puerta del Sol porque se empeñó en que no comprase tabaco. // Fui a buscarla a su casa. La encontré echada en la cama y sin querer hablar ni explicarse. // Le afeé su conducta y reñimos. Salí como para no volver. // Fue a buscarme a Heidelberg[13] y salimos para enviar un telegrama diciendo que rompíamos compromiso. // Reanudamos la amistad antes de enviar el telegrama.

Desde el principio hubo sobresaltos en su relación. Florence, consentida y habituada a que se cumplieran sus deseos, no aceptaba que se le llevase la contraria, mientras que *Pepe* tenía perfectamente formado su criterio y sus hábitos.

[12] *Vid.* "Notas sobre Florence", *Diario 16,* Madrid, 15 de febrero de 1987, "Culturas", p. II.
[13] Se refiere a la cervecería de la que era asiduo. "Donde más le recuerdo es en el *Alt Heildelberg* —en la cervecería de la calle de Zorrilla, en Madrid— sentado solo en un rincón, yendo y viniendo del tarro de cerveza alemana al cigarro" (Salinas, 1983: 308). *Vid.* también Muñoz Rojas, 1992: 65-68.

Los padres, ricos judíos de Nueva York, se alarmaron ante lo que les pareció la excentricidad de su caprichosa hija: casarse con un extranjero, infiel, de escasos recursos económicos y mucho mayor que ella. Harían todo lo posible por impedir esa boda y lo consiguieron; desde enviar a alguien de su confianza —"un inglés muy castizo, Mr. Fitt" (*Vida*, 126)— para investigar al novio, hasta hacerles viajar a Nueva York antes del matrimonio.

Moreno Villa y Florence salieron de Madrid el 16 de febrero de 1927, el mismo día que él cumplía cuarenta años, con el propósito de casarse en el sur de Francia. Pero la insistencia de la familia de Florence, y a la postre ella misma, consiguió convencerle en Barcelona para realizar el viaje trasatlántico. En este punto de sus recuerdos Moreno Villa consigna que empezó a sentir malestar y disgusto por la situación:

> No me agradaba ser invitado como a prueba y, además, comprobé en el cuerpo de Jacinta cierta anormalidad que ella se apresuró a decirme que se podía corregir fácilmente con una pequeña operación (*Vida*, 127).

Ya durante la travesía —en Génova se les unieron el hermano y la cuñada de Florence— él detecta "perplejidades y dudas" en ella como consecuencia de las consideraciones que le hacía su hermano. Llegados a Nueva York la labor de zapa familiar haría un efecto indudable. Pero tampoco hay duda de la influencia que en el deterioro de sus relaciones —por parte de ambos— tuvo su alejamiento del mundo español, en el que había nacido su relación amorosa y sólo en el cual parecía ésta posible. El retorno de Florence a su propio ambiente, pero también la sensación de extrañamiento de Moreno Villa en un medio que le era tan ajeno contribuyeron a acrecentar las dificultades de una relación desigual y compleja desde el principio. Se suceden un trato inicial afectuoso por los padres de *Jacinta* y la oposición tajante al matrimonio; la separación de tres semanas impuesta por el padre —durante la cual Moreno Villa visita el Museo Metropolitano, dibuja y escribe artículos, entre ellos algunos de la serie *Pruebas de Nueva York*— y un desastroso viaje con Florence a New Haven, en el que ella le dio celos con antiguos conocidos. Todo ello acaba desquiciando la mesura habitual del poeta: "Ahora veo claramente lo perturbado que andaba yo con todo lo que me estaba sucediendo [...] Las escenas violentas se sucedieron y volvimos como apaleados a Nueva York" (*Vida*, 129-130).

La obstinación del padre[14] en su negativa a autorizar la boda alteró profundamente la estabilidad de *Jacinta* y acentuó la imprevisibilidad de su carácter. Nada logró tampoco la labor de mediación de Federico de Onís, prestigioso profesor de la Universidad de Columbia: "A pesar de la venda o la manta que nos pone el amor o nos liamos a la cabeza nosotros, era evidente que nuestro matrimonio estaba frustrado" (*Vida*, 132). Tras la visita a una cirujana —también judía— a la que Florence no dejó extirparle un fibroma que padecía, Moreno Villa toma la decisión de volver a Madrid, porque no le ve solución al conflicto y la licencia oficial de su trabajo terminaba. Cuando comunicó su decisión la actitud de la familia hacia él cambió de manera radical. Volvieron las consideraciones. En teoría se trataba de una corta separación de tres meses, al cabo de los cuales volverían a encontrarse en Madrid; pero todos sabían que no era sino la fórmula cortés de terminar con una situación que no tenía otra salida. En las "Notas" preparatorias Moreno Villa resulta más explícito que en su autobiografía:

> Promesas a última hora cuando ya estaba tomando el pasaje. // Y yo: "Sí, sí. Bueno. Sí, dentro de tres meses tú estás allá, conmigo." Había que sostenerse digno. Hacerse el crédulo.

---

[14] "Ese enorme besugo, de ojos saltones y vacío de pensamiento... Atesorar, atesorar... A mí, que no tengo el menor sentido de la propiedad" (*Vida*, 137). El malagueño había renunciado a su parte de la herencia familiar en favor de sus hermanas.

No ofender. "Ser buen jugador", como ellos dicen. Y en el barco, abrazos y llanto porque algo moría, en efecto.[15]

Además de estas "Notas" y de *Vida en claro,* disponemos de otra vía documental de gran valor para conocer los estados de ánimo y las reacciones de Moreno Villa durante su conflictiva estancia neoyorquina. Se trata de los artículos escritos sobre el terreno o en el viaje de vuelta, algunos publicados en *El Sol* entre el 19 de mayo y el 24 de julio de 1927, que recogió a fines de este año en el libro *Pruebas de Nueva York.* Sin la dulcificación del recuerdo que irían proporcionando el tiempo, la nostalgia y la pervivencia del sentimiento amoroso, en los textos de *Pruebas...* queda patente en toda su crudeza el choque que produjo a su sensibilidad de intelectual andaluz la sociedad americana. Siempre desde el tamiz del asunto que allí le había llevado, destaca su desagrado por el disimulo de los sentimientos y esa aséptica deportividad (*good sport*) emocional con que le parece que los norteamericanos se enfrentan a las heridas del amor: "que sirve para resbalar sobre el fuego sentimental, para burlar el dolor" (*Pruebas,* 17). Ésta sería la actitud inicial que él mismo adoptaría para escribir *Jacinta la pelirroja*: un antirromanticismo *deportivo.*

La relación entre el hombre y la mujer ocupa lugar primordial en sus reflexiones. Y, amparado en el tono de observación general, nos deja algunas claves de su fracaso personal. No se nos oculta que habla de Florence cuando a propósito de la voluntad de iniciativa de la mujer escribe:

> Oigo decir a la mujer americana que ella toma lo que quiere y en el momento que lo desea; que no se entrega, ni se da, sino que agarra. Esta frase indica con máximo relieve hasta qué punto se han subvertido aquí los valores matrimoniales [...] Quien monta el caballo y rapta a su amante no es el doncel sino la doncella (*Pruebas,* 17).

---

[15] *Vid.* nota 12.

Para un hombre de su formación, por avanzado y moderno que fuera en otros órdenes, era difícil aceptar la libertad de costumbres de la mujer moderna neoyorquina, la *flapper,* cuyo código de conducta le resultaba tan complejo descifrar. Habrían de pasar aún muchas décadas para que la sociedad española asumiera ese cambio de mentalidad. Y aunque seguramente fue la actitud desenvuelta de Florence uno de los rasgos que le habían atraído hacia ella, y su libertad la que hizo posible el inicio de su relación, enfrentado a su ambiente real, proclama:

> no puedo sentir entusiasmo [...] con esa franquicia de que goza la mujer desde que apuntan sus instintos [...] El "cabaret" requiere más franquicia, y la niña, menos. Y si al decir esto resulta demasiado español, mejor (*Pruebas,* 23-24).

Respira por la herida de su conflicto con la familia judía de la amada en el artículo "Inquietud frente a señorío", hasta el punto de reconocer "la irritación que fue embargándome poco a poco al escribir" (*Pruebas,* 33). En él caracteriza a Nueva York como ciudad mercantilista, "prototipo de la ciudad hebrea", y angustiada en su dinamismo, espíritu al que él opone el "señorío" del desprecio a los dólares y el superior valor del concepto mediterráneo del disfrute de la vida. No faltarán en otros textos su sorpresa ante los hábitos más deshumanizados del ritmo de vida cotidiano, ni sus reflexiones sobre el mundo de los negros o su pasión por el jazz, aspectos que impresionarán dos años después a García Lorca. Pero de toda la colección de artículos es en "La niña violenta" donde vierte mayores dosis de desahogo sentimental en la dureza del reproche a estas "niñas bien" a la americana, de las que Florence es inmejorable representante, y en el que se trasluce la amargura del desamor:

> Surgirán con desenfado ante vosotros. Amarán con rapidez y pasarán a la indiferencia bruscamente [...] Y sin res-

quemor, ni adherencias sentimentales [...] Amarán al padre
y al marido y al novio, pero en cuanto noten que obstaculi-
zan el desenvolvimiento de su voluntad —a su voluntad le
llaman "su vida"— se plantarán violentamente. No hay en-
trega total, no quiere haberla [...] Le aterra la fidelidad, le
aterra la maternidad. La niña violenta coge la fruta del momento, y le desagrada mañana que le recordéis la fruta del
ayer (*Pruebas*, 62-64).

Así dota a *Pruebas de Nueva York* de la autenticidad de
crónica amorosa —correlato en prosa de *Jacinta la pelirroja*— condición con la que fue recibido a su aparición. A
ello contribuyó el propio Moreno Villa, que con ironía y
humorismo distanciador proclamó volver a Madrid "recién soltero", en alusión al *Diario de un poeta recién casado* de Juan Ramón Jiménez.[16]

Durante la decena de días que duró la travesía de regreso a España, Moreno Villa tuvo una excelente oportunidad
para serenar su ánimo y afrontar las consecuencias de la
ruptura. Y la aprovechó, como cuenta en el capítulo XII,
"Soliloquio en la mar", de *Vida en claro*. Se sintió tranqui-
lo consigo mismo; había respondido a las arbitrariedades
del padre de su amada conforme a su conciencia, "siguiendo los sentimientos de honor, respeto, lealtad y justicia
amasados por largas generaciones". Sufrió el dolor de la
separación; porque "en medio de todo, seguía queriéndo-
la" y rememoró los momentos más felices de sus pocos
meses de noviazgo. Intentó consolarse de su pérdida ante
la perspectiva de un futuro infeliz que alteraría su afán por
el método: "He hecho bien, he hecho bien en arrancarme
de ella. ¡Qué desastre, si no! [...] Ella fue un remolino en
mi vida. La inundó de alegría y de ilusión, pero la deshizo"

---

[16] Así lo contó García Maroto [1928:397] al reseñar *Pruebas de Nueva York*. Recoge la misma anécdota Diego [1956: sp]: "Bajo aquel título
leíamos en broma nosotros, todos los que sabíamos la historia del viaje
[...] "Diario de un poeta recién soltero".

(*Vida,* 138-139). Y sobre todo pensó en cómo afrontar su llegada a Madrid, de la que le atraía el retorno a lo estable y reposado —"El pensamiento en la vuelta a la Residencia. El trabajo propio, la vida clara, sin complicaciones"—,[17] pero que al tiempo le aterraría por el ambiente juvenil y transgresor que tan bien conocía.[18] Había salido de Madrid con sus cuarenta años recién cumplidos para casarse en Nueva York con una norteamericana joven y bella, que además era muy rica. Volvía solo, deshecho el compromiso. ¿Qué bromas y pullas no tendría que aguantar de sus viejos amigos Buñuel, Dalí o Pepín Bello? ¿No le convertía su fracaso en un *putrefacto*[19] merecido, en un ridículo personaje de comedia moratiniana? Estos o parecidos debían de ser los temores que le asaltaban conforme se aproximaba el barco a España. Moreno Villa lo expresaría así:

> ¿Qué pensarán ahora mis amigos íntimos al verme llegar con mis dos maletines a la Residencia [...] ¿Cómo explicarles el cúmulo de menudencias y cosas gordas que hicieron imposible el casamiento? (*Vida,* 139).

En nuestra opinión éste es un aspecto clave para su trayectoria literaria. Creemos que fueron la necesidad y la *dificultad* de explicar lo sucedido la que le obligó a tomar una decisión que sería trascendente: enfrentarse a la situación con la actitud emocional *deportiva,* de "jugador noble", que tanto le había chocado en América. Y esa será desde la perspectiva de los años la principal de las consecuencias: "Una gran cosa obtuve de esta verdadera aventura: el triunfo sobre el romanticismo" (*Vida,* 135).

[17] *Vid.* nota 12.
[18] Sobre el ambiente lúdico e iconoclasta de la Residencia de Estudiantes da abundantes noticias el mismo Moreno Villa [1976: 112 y ss.]. Sobre las actividades de la jocosa Orden de los Hermanos de Toledo, *Vid.* Moreno Villa, 1947.
[19] *Vid.* Santos Torroella, 1995.

Completará la serie de artículos de *Pruebas de Nueva York,* en los que las grandes diferencias de civilización, temperamento y carácter, tanto de la ciudad como de las personas, vienen a justificar que fuese no sólo lógica, sino hasta conveniente la ruptura del proyecto matrimonial. Pero la catarsis estética que necesitaba su sufrimiento amoroso hacía preciso otro camino de expresión. Y posiblemente lo hallase ya entonces, sobre el Atlántico. No la "infinidad de poemas jeremiacos o alguna novela desconsoladora" (*Ibid.*) que pensó poder haber escrito, sino un tipo nuevo de poesía: antirromántica, antimelodramática, antisentimental, fresca y transgresora, insólita y auténtica, como el espíritu de los tiempos, como la misma Florence, que se convertirá en *Jacinta.* A este respecto se conserva un testimonio del propio poeta muy revelador; el 13 de noviembre de 1928 escribe a Alfonso Reyes:

> Todo aquel drama mío en América se transformó en eso, en un trabajar alegre, con más ilusión que a los 23 años [...] El espíritu se ahogaba ya en el sentimiento. La congoja no permitía respirar. Por eso rompí con la poesía mía. Y ahora me encuentro con el espíritu como un caballo bravío; y me divierte su doma y el quedar rendido todas las noches, para despertar más fuerte y entrenado a la mañana. (Pérez de Ayala, 1993: 124).

A su llegada a Madrid, García Maroto [1928:397] le encontró: "ni contento ni alegre, sin afirmar ante sí mismo su propio juicio acerca de la buena o mala fortuna que para sí tendría su indecisión última". Pero Moreno Villa no se engañaba sobre el impacto real que le había producido la que él llama aventura. La deportiva aceptación del fracaso no bastará para cicatrizar la herida abierta en su alma. Ya entonces, en 1927, intuía lo que en 1944, cuando escriba sobre esta travesía, será una certeza:

> Yo pienso que esta mujer no va a separarse nunca de mí. Po-
> dremos no casarnos, pero ella estará en mi pensamiento, tra-
> bajándome, hasta marcándome la dirección. Es como si
> hubiera metido su puño bajo mis costillas y gobernase mis sen-
> timientos. ¡Ella, que parece desprovista de ellos! (*Vida*, 137).

Nada cierto se sabe sobre el proceso de composición de *Jacinta la pelirroja*. La primera noticia que hemos do-
cumentado es la que proporciona el corresponsal de *La Gaceta Literaria* en Andalucía, que con el seudónimo *Almaviva* informa en el primer número de 1928 que entre las novedades que se preparan en Málaga: "José Mo-
reno Villa tiene guardado en un armario de *Litoral* un paquete de clichés de dibujos suyos —línea larga, ondu-
lante, sola que cuaja figuras simples e ingenuas, sencillas y expresivas—, futura ilustración de un libro de poesía".[20] Lo más probable es que empezara tanto los dibu-
jos como los poemas a lo largo de 1927. Pero debió emplear todo 1928 y quizás el principio de 1929 en com-
pletarlos. Hasta mayo de 1929 no aparece ninguno en re-
vista. Se trata de "𝒟", "El Duende", "Al pueblo, sí, pero contigo" que anuncian en *Litoral*[21] la aparición del libro.
Lo editarán, en efecto, Emilio Prados y José María Hino-
josa como undécimo suplemento de la revista *Litoral*[22] en la imprenta Sur, como todos a expensas del autor.[23]
Pero el libro tardaría aún año y medio en aparecer. Su colofón fecha el final de la impresión el 18 de julio de

---

[20] *La Gaceta Literaria*, 25, Madrid, 1 enero 1928, p. 2
[21] *Litoral*, 8, Málaga, mayo 1929, pp. 13-15. En el número triple 5-7 fechado en octubre de 1927, aunque apareció meses más tarde, había aparecido "Contra presagio", pero con variantes que hacen suponer que era un poema escrito con anterioridad al ciclo de *Jacinta* que fue recogido en el libro.
[22] Frecuentemente aparece citado como segundo suplemento de la re-
vista. Se trata de un error producido porque la cifra *uno* utilizada para la impresión en la cubierta fue la romana (II) en lugar de usar la numeración arábiga (11).
[23] *Vid.* Neira, 1996.

1929, aunque como es costumbre pudo retrasarse unos días su salida efectiva.

Conocemos detalles de la distribución del libro por una carta de Álvaro Disdier, gerente de la imprenta, al librero Sánchez Cuesta del 20 de agosto de 1929: "Unos renglones para adjuntarle dos talones de F.C. correspondientes a los envíos de las ediciones de *Romances del 800* de F. Villalón, y *Jacinta la pelirroja,* de Moreno Villa. Del primero, no puedo decirle el número de ejemplares que van, pues fue Emilio el que hizo el envío, y no se acuerda. Del segundo, van 245 en papel corriente, para la venta, y 16 en papel bueno, que retirará Moreno Villa, con el que le agradeceré se ponga de acuerdo para detalles de venta, precio y demás."[24] El libro debió de venderse en Málaga con rapidez, porque a principio de septiembre es Emilio Prados quien le dice a Sánchez Cuesta: "Le escribo hoy rápidamente para que me envíe en cuanto le sea posible 15 ejemplares de *Jacinta la pelirroja,* que nos hemos quedado sin ninguno aquí y los necesitamos. Los espero pronto ¿verdad?".[25]

Si en el origen de la *deportividad* sentimental que explica la escritura del libro tuvo importancia —como suponemos—, por pequeña que fuera, el propósito de protegerse de las burlas literarias (*jinojepas* o *letrillas modelnas* de Diego o Lorca, por ejemplo)[26] que hubiera despertado una actitud poética "lacrimógena", el éxito fue casi total. En ninguno de los epistolarios de la época que se han publicado, ni en los suplementos satíricos de las revistas poéticas (*Lola, Pavo*) aparece alusión al episodio de *Jacinta.* Tan

---

[24] La carta, hasta ahora inédita, se conserva en el Archivo León Sánchez Cuesta de la Residencia de Estudiantes de Madrid. Actualizo la ortografía y la puntuación.

[25] Se trata de una tarjeta postal en impreso LI023585, manuscrita. Sin fecha, pero con matasellos del 7 de septiembre de 1929. Archivo León Sánchez Cuesta de la Residencia de Estudiantes de Madrid.

[26] *Vid.* Hernández, 1987, y García Lorca, 1995.

sólo en la reseña de García Maroto [1928] y en el comentario muy posterior de un Ernesto Giménez Caballero convertido ya en malévolo *robinson literario*[27] hallamos referencias. El respeto al contratiempo afectivo de Moreno Villa se extiende curiosamente también hacia su obra. Amigos y críticos comprenden que tras la aparente ligereza con que refleja la relación amorosa, es tan intensa la implicación emocional del autor, que no publican sobre el libro. Aunque sí le hacen llegar al autor su juicio entusiasta. Moreno Villa se lo agradece a Alfonso Reyes en octubre de 1929: "No he recibido jamás una carta como la suya. Hago con ella lo que usted con *Jacinta*: leérsela a los amigos. Qué reacción tan noble y tan conmovedora. Es curioso que Guillén coincida con usted —en carta desde París— en lo de que hay *magia* en mi libro. ¿Será verdad? Yo me inclino a que toda esa magia resulta de pura fidelidad a mí mismo" (Pérez de Ayala, 1993:125). Pero contra lo que hubiera sido lógico por la importante novedad poética que representaba, ni en *La Gaceta Literaria,* ni en *El Sol,* donde Moreno Villa colaboraba, aparecieron reseñas. Sólo Azorín [1929] se ocupó del libro en esos momentos, para advertir a los nuevos poetas contra el abandono de la sensibilidad.

Sin embargo, si al escribir *Jacinta la pelirroja* Moreno Villa concibió alguna intención terapéutica para su dolor por la separación de Florence, el fracaso fue absoluto. No conseguirá olvidarla. En 1930 sabrá que se ha casado con uno de sus amigos universitarios con los que le daba celos en Nueva York, y que pasan por Madrid e intentan verle. Pero él no quiere. "Entonces estaba la herida un poco abierta todavía" (*Vida,* 237).

---

[27] "[Moreno Villa] ¿Es un hombre frío que se queda célibe en la vida o es un corazón caliente que se escapa a América tras una mujer? En Moreno Villa hay un gato encerrado y no seré yo quien ahora lo suelte" (Giménez Caballero, 1931: 14).

Siente su recuerdo, o mejor su presencia, de modo tan vivo dentro de sí mismo que la convierte en interlocutora constante en su proceso de comunicación con la realidad que le rodea. Florence/*Jacinta* será su referencia vital en adelante. Por eso, como la crítica ha señalado, la herida de su recuerdo seguirá haciéndose sentir con mucha intensidad en sus libros posteriores. En las *Carambas 77* y *51* su presencia[28] no admite duda

> En el foro, Babilonia, Jerusalem, Atenas.
> Y delante de un negro, como una paloma,
> y una yanqui judía, como una brasa,
> y un perro de San Roque, lamiendo mi llaga.
> ("51")

En *Puentes que no acaban* (1933), como señaló Cirre [1963:78], "el tema central sigue siendo, probablente, *Jacinta*, difuminada en distinta niebla y sublimada por el tiempo y el recuerdo". Pero desde luego viva en el lamento por lo que pudo suceder y no ocurrió. Señalaremos algunos ejemplos muy evidentes:

> Un ángel se esquiva en los ángulos de tus ojos;
> dos ángeles alzan los ángulos de tu boca.
> El azahar ensancha tu respiración
> y el horizonte carda tu melena rojiza.
> ("¿Cuando?", p. 12)

...

> No nacen estos energúmenos en los barrancos,
> ni en las atónitas aldeas.
> Nacen en las bibliotecas, son huevos de polilla,
> de polilla judaica, con el rencor hebreo, su jiba y su
> [temblor.
> ("¿Quién?", p. 20)

---

[28] Como ya advirtió Romojaro [1991: 136].

... Reconozco la melena rojiza
y la suave declinación de la cadera...
("¿Qué es esto? ¿Dónde estamos?", p. 26)

Tú con tus faltas y tus sobras;
tú con tu maravilloso complemento rubio a mi color
[de bronce
("Después de todo eras tú lo que yo buscaba", p. 29)

El título de este último poema no puede ser más elo-
cuente sobre el resultado del dilema personal en que parece haberse convertido el recuerdo.

Nueve años después del viaje a Nueva York, *Salón sin
muros* (1936) viene a prolongar el impulso de *Puentes...*
De nuevo encontramos la imagen de Florence/*Jacinta*,
tampoco ahora mirada desde una perspectiva juvenil y deportiva, sino con la dolorosa conciencia de la pérdida que
se siente irrecuperable.

Aquella mujer última que quise
arrebató mi cuerpo.
Después de aquel combate
vivo en las cosas sin notarme figura
("Salón sin muros", p.11)

Nostalgia sin paliativos cuando el tiempo ha decantado
las asperezas de la relación conflictiva y queda la conscien-
cia del vacío que dejó la separación:

Recordarás la noche suprema
en la ciudad de la roca en pie:
Faroles agónicos, crucificados en las paredes,
bajo campanarios de muda escenografía,
nos esperaban siglos y siglos
...

¡Bendita tú por haberme querido!,
por haberme conducido a través de la felicidad,
camino de la desventura.
("Separación", pp. 25-26)

Contra todo lo que el poeta podía esperar, la catástrofe de la guerra civil española haría posible su reencuentro con Florence al obligarle al exilio. Será en 1937, diez años después de su despedida en Nueva York. Pero no en Estados Unidos; aunque durante los meses que pasa allí, pronunciando conferencias en favor de la República, busca noticias de ella y se reúne en Washington con su hermano y sus padres, quienes al conocer su posición de agregado cultural en la Embajada "vinieron de Nueva York y estuvieron sumamente amables" (*Vida*, 241). En sus memorias justifica la búsqueda de *Jacinta* porque "cada cosa me la recordaba. Pero ya de una manera tranquila. Sentí curiosidad por saber qué había sido de ella" (*Vida*, 237). Lo cierto es que la familia le cuenta que Florence está en México arreglando su divorcio. Precisamente el poeta, convencido por Genaro Estrada, había decidido trasladarse un tiempo a México. En *Vida en claro* atribuye al encuentro con ella en un restaurante carácter fortuito. Pero no es ilógico pensar que, como había hecho en Estados Unidos, también en México la buscase. Como avanzamos antes, la encuentra a mediados de junio acompañada por un cantante de la localidad cercana de Taxco. Como aquella primera noche madrileña de noviembre de 1927, fueron a la habitación de su hotel a cantar y debieron de beber bastante. Moreno intentó besarla, pero ella rehusó. Muy poco después pasó unos días con ella en Taxco. Éste es su testimonio:

> En Taxco pude ver que seguía haciendo su vida de siempre, un tanto incongruente, pues se preocupaba medio día de la salud y media noche de destruirla. Montaba a caballo y nadaba para estar en forma, enamorada de su cuerpo; y bebía por las noches entre discusiones intelectualistas que barajaban el arte con la política y las relaciones sexuales. La vi muy partidaria del comunismo; cosa que no me extrañó, porque en los Estados Unidos pensaban así, por moda, muchos que tenían grandes cuentas corrientes en los bancos (*Vida*, 249).

Parece muy probable que durante esos días el poeta intentara hacer volver el tiempo atrás y revivir la relación rota diez años antes. Pero el intento sería un fracaso. En el libro zanja el asunto con una frase lapidaria: "Salí de Taxco sin sentir el corazón" (*Ibid.*). No volverá a referirse a la rubia norteamericana en las restantes páginas, en las que trata de los años 1937-1944: su asentamiento en México, su matrimonio con la viuda de Estrada y el nacimiento del hijo, José Moreno Nieto. Todo indica que aquel reencuentro había sido totalmente opuesto a cuanto durante tanto tiempo habría anhelado; y que al salir de Taxco el episodio de *Jacinta* había sido definitivamente cerrado en su vida.

Sin embargo, no fue así. Al menos tuvieron un nuevo contacto, esta vez epistolar; y los documentos demuestran que Moreno Villa siguió todos esos años teniendo referencias indirectas suyas y nunca renunció a su recuerdo. Después de publicada *Vida en claro,* recibió al menos dos cartas de Florence.[29] En la primera,[30] ella confirma su interés por los asuntos que el poeta había observado en 1937, el arte, la política, la psicología, los demás:

Box 54
Vernon, Vermont
el 11 de abril

Pepe:
Hace tantos años de no haber tratado, no se escribir en español. Porque no me escribas tú? Puedes leer en inglés —te contestaré en inglés.

---

[29] Se conservan en el Archivo José Moreno Villa de la Residencia de Estudiantes de Madrid. Ambas omiten el año en que están escritas, pero deben de ser de 1951. Agradecemos vivamente a José Moreno Nieto la autorización para reproducir estos textos.

[30] Fue publicada por Juan Pérez de Ayala. *Vid.* nota 12. Transcribimos el texto con fidelidad, sin corregir las numerosas faltas ortográficas que incluye.

Sabes algo de mis actividades por Carmen,[31] no?

Sigo con mucho interes en el arte moderno, en asuntos políticos y psychologicos, en niños y otra gente.

Tengo aquí en Vermont mi casa de campaña donde puedo bivir cuando la vida y los ruidos de Nueva York me den demasiado miedo, pero hay veces, como el invierno [al dorso] pasado, cuando esa vida dificil pero llena de riqueza de la cultura internacional, me encanta. n[ueva].y[ork]., ha mucho cambiado y hoy es la gran capital cultural del mundo con gente de donde quiera.

Creo ir a Inglaterra Junio hasta fin de Septiembre y espero ir el invierno próximo o a Haití o a México, si hay todavía gasolina para mi coche que tiene doce años y siempre me gusta mas que todos los nuevos con su mucho "chromium". A n.y. hubo hace una semana chez Pierre Matisse una exposición hermosissima de las pinturas y esculturas de Miró, uno de mis predilectos. Has visto los dos libros recientemente publicados en Monte Carlo de la obra lithográfica de Picasso.[32] Son magníficos.

Florence

No disponemos de la respuesta de Moreno; pero se deduce con facilidad de la lectura de la segunda carta de su ya *vieja* amada, que en estos años se ha vuelto a casar y es ahora la señora Stoll:[33]

---

[31] Se trata de Carmen Marín, esposa de Octavio G. Barreda. Moreno Villa le pintó un retrato al óleo en 1940, que se reproduce en *Vida en claro,* p. 241.

[32] Se trata de la obra de Fernand Mourlot: *Lithographe,* Montecarlo, André Sauret, 5 vols. (1949-1970). El primer volumen es de 1949. Entre las muchas exposiciones de Joan Miró en la Galería Pierre Matisse de Nueva York celebradas en esos años, sólo la de 1951 —del 6 al 31 de marzo— concuerda con la noticia de la carta. Por eso fechamos las dos en ese año.

[33] La carta está escrita en inglés con estilográfica, tinta azul, en un papel con membrete en tinta verde: *Florence Stol / Box 54 / Vernon, Vermont.* Agradecemos vivamente a Nieves Baranda, de la UNED, su valiosa ayuda en la traducción del texto al castellano.

18 de mayo

Querido Pepe:

Ha sido muy agradable tu carta y ojalá me escribieras alguna de esas veces cuando tú dices que piensas en mí y me hablas sobre ti mismo, tu hijo, México. No puede ser cierto que hayas cambiado tanto como dices, porque Carmen siempre me dice que es encantador como siempre estar contigo, charlar contigo y escucharte.

Sabes que eras siempre un poco malicioso, y tus juicios sobre la gente eran a menudo muy subjetivos, lo que probablemente explique todas las cosas malas que dices dijiste sobre mí en tu autobiografía. ¿Cuándo me enviarás un ejemplar?

Sobre qué aspecto tengo, creo que más o menos lo mismo. Las mismas medidas, el mismo color. Aunque tengo un toque gris en el pelo no parece gris, sino que la mezcla me da un color rubio más claro. Llevo el pelo cortado igual que durante los últimos 12 o 15 años. Así que no tengo un aspecto muy distinto. Salvo que tengo una pierna hinchada porque me picó una araña anteayer, y ahora la tengo reposando en un barreño de agua con sales Epson.

Walter está en Londres por un mes como delegado estadounidense en una comisión internacional sobre deudas alemanas. Puede estar yendo y viniendo entre Washington y Londres y Katie me escribe que a ella y a Judy les gustaría ir también. Mary, que acaba de cumplir veintiuno y está aún en la universidad, anunció su compromiso matrimonial hace dos semanas con un estudiante de leyes de Harvard. Se casará el 6 de julio. Escribe a Katie —le gustaría tener noticias tuyas.

Si me escribes, estaré segura de recibir la carta (si me la diriges a Sra. Florence Stoll) en 211 East Street, New York 22 n.y. o en Europa c/o Cynthia Dehn, 65 Victoria Road, London W. 8. Enviaré tus saludos a N[atalia]. y A[lberto]. Jiménez.

Florence

En suma: Florence se refiere a una serie de personas, sin duda miembros de su familia, sobreentendiendo que su corresponsal tiene una buena información previa. ¿A través de Carmen Martín de Barreda? Más importante es comprobar que Moreno Villa le confesaba pensar en ella y hablarle mentalmente de sus cosas. Estas líneas confirman que no había dejado de ser para él la referencia vital, que era cierto el presentimiento que tuvo al regresar a España en 1927: "Yo pienso que esta mujer no va a separarse nunca de mí [...] ella estará en mi pensamiento, trabajándome, hasta marcándome la dirección" (*Vida*, 137). Revela mucho del carácter de Florence la precisión con que le asegura tener un aspecto muy similar y las mismas medidas corporales con que él la podía imaginar.

Tal vez el poeta le enviara *Vida en claro* y su lectura rompió definitivamente la relación. No conocemos ninguna carta posterior. Pero sí parece seguro que ese contacto reavivó en Moreno Villa su íntimo vínculo con la yanqui, pues volvió a escribir sobre ella en 1952, veinticinco años después de su primer encuentro. Es hasta el momento el último dato de que disponemos. En su Archivo, depositado en la Residencia donde tan feliz vivió y de donde salió ilusionado para su aventura amorosa trasatlántica, se conserva hasta ahora inédito el manuscrito del que bien puede ser el último balance personal de su larga historia de amor con la rubia Florence, a quien la poesía transmutó en *Jacinta la pelirroja*. Sirva de colofón a la historia del libro:

Trasfondo en Poesía
Equivocaciones favorables

I.

Topé contigo una noche fría. Eras caliente y acerba. Del brazo nos fuimos.

¿Es que yo amo la crueldad o la acritud?

Es que lo acerbo en ti se matizaba con alientos de ardor y altos confines.

Me equivoqué y nos fuimos lejos, lejos. A pasear por aceras que soportan un centenar de pisos.

Y allí luchamos con nuestros destinos adversos.

Y sucumbí bajo el arpón de brazo-pierna, no por la llave de tu corazón. Oh malévola luchadora libre.

Pero el error fue mío. La equivocación sólo mía.

Y tras el dolor del error, tras el pesar y la vergüenza de la equivocación, levanté la frente como hacen los puños del mar en el acantilado.

La equivocación me fue favorable. La prueba está en que te mando un abrazo después de un cuarto de siglo.

II.

Me equivoqué infinitas veces. No se equivoca quien no arriesga. Tres, cuatro veces arriesgué en la vida. No más,que no nací aventurero.

LA POESÍA DE MORENO VILLA EN SU TIEMPO

Poeta, pero al tiempo también pintor, ensayista, crítico de arte, narrador, dramaturgo y articulista de prensa, situar a José Moreno Villa en el contexto histórico de la poesía de su tiempo no resulta tarea sencilla. Algunos críticos e historiadores le han situado en la generación novecentista o de 1914; otros le han considerado poeta menor de la *del 27*; otros en fin han optado por colocarlo en una difusa generación transitoria, protagonista del paso del Modernismo a la Vanguardia.[34] Tales discrepancias son la mejor prueba de la dificultad de encasillar su polifacética personalidad literaria; pero también de que el método generacional no sirve para explicar casos de encaje cronológico

---

[34] Cfr. Ballestero Izquierdo, 1955.

complejo como éste: Moreno nació en 1887, seis años después que Juan Ramón Jiménez, pero once antes que García Lorca. *Poeta de transición, poeta de enlace,* él mismo en 1952 asumía ese papel (Moreno Villa, 1998:27-30, 41); pero rechazaba tanto cualquier condición de epígono modernista —pues reivindicaba la búsqueda de originalidad como impulso generador de su poesía desde el primer libro, *Garba,* 1913— como haber recibido influencia de los más jóvenes: Lorca, Alberti, Dalí, Buñuel, etcétera, con los que compartió en la década de los veinte el impulso lúdico e innovador de la Vanguardia.[35]

Las circunstancias históricas de su exilio y muerte en México tras la guerra civil, su dedicación simultánea a la pintura y a la literatura,[36] la densidad de su poesía no siempre clasificable con facilidad, oscurecieron la importancia de su obra. Pudo influir también la mezcla de timidez y escepticismo de su espíritu, reacio siempre al autobombo literario. Lo cierto es que resulta evidente su postergación crítica —hasta 1998 hemos carecido de una edición de sus *Poesías completas*—, que resulta injusta a tenor de lo que realmente ocurrió en su momento.

Existen datos suficientes de finales de los años veinte sobre el reconocimiento de su influencia. Fernández Almagro [1930], por ejemplo, destaca con acierto: "El reciente grupo malagueño [de la revista *Litoral*: Prados, Altolaguirre, Hinojosa] debe bastante al magisterio ejercido —no siempre a través de la letra impresa— por José Moreno Villa". Cuando Pedro Salinas escribe en febrero de 1931 a Jorge Guillén [1992:132-133], lector en la Universidad de

---

[35] Bodini [1971: 93-94], sin embargo, defendería su aprendizaje de los poetas más jóvenes e innovadores del grupo *del 27.*

[36] Vicente Aleixandre [1968] recordaría que cuando conoció a Moreno Villa en la primavera de 1929 se le consideraba más pintor que poeta. Giménez Caballero [1931: 14] se preguntaba en malévola gacetilla de robinson literario: "¿Es escritor o pintor? ¿Hace versos por afición o pinta por esnobismo?".

Oxford, y le pone al tanto de la actualidad poética, coloca al grupo de poesía nueva que forman Cernuda, Aleixandre, Hinojosa, los *surrealistas,* bajo la referencia de Pepe Moreno. Es muy probable que en el ánimo de Salinas pesara la lectura de un artículo que Luis Cernuda había publicado en el diario *El Sol* el 18 de enero anterior bajo el título "Moreno Villa o los andaluces en España", con motivo de la aparición de *Carambas.* En este temprano artículo, Cernuda defiende que la moderna poesía española había aparecido con Moreno Villa, y considera *Garba* solución de continuidad ("inicia y separa") en nuestra historia poética, pues reconoce en ese libro una voluntad de ruptura con el Modernismo en el anhelo de depuración del lenguaje poético. Del interés con que García Lorca acogía la aparición de sus libros daría cuenta el propio Moreno Villa [1998:41]: "Él aquilataba lo nuevo mío en cada libro, me escribía desde Granada con particular entusiasmo y me consta que agrupaba a sus amigos para leerles mi *Pasajero,* mi *Luchas de Pena y Alegría,* mi *Jacinta la pelirroja* y los siguientes libros". No en vano, entre los caminos inéditos que ofrecía *Garba,* García Lorca había encontrado el manantial del neopopularismo, de la copla andaluza y la atención al mundo gitano que él luego desarrollaría con su impronta personal hasta elevarlo a las cimas líricas de *Romancero gitano* y *Poema del cante jondo.*

La novedad que suponía la poesía de Moreno Villa había sido apreciada desde su inicio. Eugenio D'Ors [1915] a propósito de *El pasajero* (1914), Ortega y Gasset en el prólogo a esta obra y Díez-Canedo [1915] al referirse a *Garba, El pasajero* y *Luchas de Pena y Alegría* comprenden que están asistiendo a la iniciación de un nuevo estilo. En los tres libros, en efecto, aunque se advierten ecos de la imaginería modernista, predomina la renuncia a la grandilocuencia ornamental y la búsqueda de la diafanidad expresiva; aspiración que el poeta [1998:7] resumiría con gracia: "que la expresion sea lo más directa posible y con vocablos de mi época. Nada de salir vestido como alguacilillos de la cuadrilla". Poesía cuyo rasgo más definitorio será, pues, que la forma se supedita a la autenticidad personal con que Moreno Villa indaga la realidad externa y busca sus facetas menos perceptibles o se enfrenta a su propia aventura interior y se comunica con los demás, como en el largo poema "En la selva fervorosa" de *El pasajero.*

Características presentes también en *Colección* (1924), libro misceláneo que reseñó don Antonio Machado [1925], en el que para algunos[37] culmina esta primera etapa de su trayectoria, y para otros[38] se inicia un nuevo ciclo, de identificación del poeta con las innovaciones vanguardistas. Lo cierto es —a la vista de lo que vendría después— que *Colección* al tiempo clausura el ámbito del andalucismo, las canciones y el neopopulismo que había iniciado *Garba,* practica con sobriedad la indagación metafísica y la eliminación del sentimentalismo y se aproxima a los propósitos de la poesía pura de una manera que para Cernuda [1975:401] ejemplifica la innata cualidad del espíritu de Moreno Villa de nutrirse de la actualidad poética de su tiempo.[39]

Pero sería, sin duda, la aparición de *Jacinta la pelirroja* en 1929 la que elevó a Moreno Villa al liderazgo de los jóvenes que sentían la urgencia de encontrar nuevas formas de expresión poética. Para ellos este libro —quizá la mejor expresión del espíritu de la Residencia de Estudiantes en lo que tuvo de mezcla de rigor intelectual y seriedad de

---

[37] Por ejemplo, Luis Izquierdo [1982: 50].

[38] Cfr. Cirre, 1962: 59.

[39] Sobre la capacidad de Moreno Villa para estar al día en posiciones estéticas, conviene recordar que fue uno de los participantes en el homenaje al poeta francés Mallarmé que organizó Alfonso Reyes en el Jardín Botánico de Madrid el 11 de septiembre de 1923; como pintor y crítico fue uno de los impulsores de la I Exposición de la Sociedad de Artistas Ibéricos en 1925, y colaboró en el auto de fe en homenaje a Góngora en mayo de 1927; actividades todas ellas que proclamaban la necesidad de un nuevo arte.

propósitos con energía creativa y transgresión iconoclasta[40]— supuso un ejemplo con el que identificarse estéticamente. Cernuda [1975:1225] afirmaba en el artículo citado: "Tal vez quien recorra estas líneas conoce ya esa admirable *Jacinta la pelirroja,* donde ciertos poemas, sean cuales sean los cambios que después de leerlos sufra un espíritu, nunca podrá ya olvidarlos ni alejarlos de sí".

Del mismo modo que la experiencia Florence/*Jacinta* y el viaje a Nueva York convulsionaron su biografía personal y su visión de la sociedad, el episodio también supuso la correspondiente transformación profunda de la historia poética de Moreno Villa. A partir de *Jacinta la pelirroja,* donde se concentran los estímulos vanguardistas de toda la década, ya nada sería igual en su obra. De alguna manera, este libro supondría en su trayectoria personal un punto de no retorno, de considerable trascendencia además en el panorama global de la poesía de esos momentos: "punto de referencia máximo de la eclosión del 27", en palabras de Luis Izquierdo [1982:55]

Las tres series de *Carambas* (1931) amplifican la ruptura de diques lógicos en la construcción de las imágenes y suponen una novedosa y desinhibida[41] toma de posición crítica ante la descompuesta realidad social en las postrimerías de la Monarquía, al tiempo que una decidida exploración en las técnicas del surrealismo, de las que hallamos el germen en la segunda parte de *Jacinta la pelirroja.*[42] Otro tanto podemos afirmar de los poemas de *Puentes que no acaban* (1933)[43] y su secuencia natural

---

[40] *Vid.* Fajardo, 1994: 73.

[41] "Están escritas dejándome llevar por la fuga de ideas, sin control, gozando de lo arbitrario y detonante, de lo dulce y lo irrespetuoso" (*Vida,* 158).

[42] Cfr. Díaz de Castro, 1987.

[43] Dos de sus poemas principales "¿Dónde?" y "¿Cuándo?" habían sido publicados en 1930 en *Poesía* [III, 2, Málaga, s.p.] la revista de Manuel Altolaguirre.

Salón sin muros (1936), en los que se potencia el irónico sarcasmo y el desengaño amargo, la conciencia de la soledad íntima que nacieron en *Jacinta;* y se revela también el distanciamiento crítico con la realidad social de un mundo que incuba la opresión del totalitarismo y se acerca a la destrucción masiva.

La guerra civil española rompería su trayectoria poética en este punto. Moreno Villa, fiel a las necesidades de la sociedad de su tiempo, vierte la traumática experiencia en la poesía militante de los romances escritos en 1936 y 1937. La guerra y el exilio que le siguen abren una nueva etapa que llevará su obra (*Puerta severa,* 1941; *La noche del Verbo,* 1942; *Poemas escritos en América,* 1947; *Voz en vuelo a su cuna,* 1965), como la de tantos otros poetas españoles transterrados, por el derrotero de la nostalgia, del dolor de lo perdido o el anhelo del regreso. Se abandonan las actitudes vanguardistas y se vuelve a esquemas formales más clásicos. Es tiempo en el que prima en la poesía la función de comunicar y el propósito de aglutinar toda una sociedad en la diáspora republicana. Aunque en su caso el nacimiento de un hijo, cumplidos ya cincuenta años, aporta a sus poemas una dimensión existencial esperanzada en medio de la liquidación de un mundo todo él en guerra y un tono de reflexión meditativa que enlaza con el que se dejaba sentir ya en sus primeros libros.

JACINTA LA PELIRROJA

¿En qué estriba la *magia* poética que Alfonso Reyes y Jorge Guillén encontraron en *Jacinta la pelirroja*? ¿Qué motivó el impacto que produjo entre los jóvenes poetas? Todos los testimonios coinciden en que la gran novedad era la *deportividad* con que el poeta se enfrentaba al fracaso amoroso (*Vida,* 145). Con razón podrá afirmar Moreno Villa [1998:43] que ese talante antirromántico del que

acepta la derrota con una sonrisa aunque la procesión va-
ya por dentro, le hacía "libro de amor sin antecedente en la
literatura española", lo que no sería poco orgullo para
quien siempre buscó la originalidad. Y tal vez la mayor
originalidad estaba precisamente en la autenticidad biográfica con que Moreno Villa poetiza la historia de su propio amor frustrado. Porque por debajo del distanciamiento
humorístico, el dinamismo coloquial, la ironía hacia sí
mismo, la superficialidad de lo intranscendente o la eliminación del sentimentalismo, elementos no menos novedo-
sos con que la obra está compuesta, el lector *siente* que en
efecto la procesión iba por dentro.

Desde *Garba* a *Colección,* todos sus libros anteriores
habían sido misceláneos, con poemas diversos, carentes
de unidad estructural; *Jacinta la pelirroja,* sin embargo,
sí presenta unidad temática: la historia amorosa, aunque
no todos los poemas respondan a un mismo estímulo crea-
tivo.[44] Los cuarenta poemas del libro están divididos en
dos partes de veinte, con numeración romana propia en
cada una. En la primera encontraremos los avatares de la
crónica amorosa, desde el impulsivo inicio a los primeros desencuentros y algunas discrepancias de fondo,
aunque el segundo y el tercero ("Cuando revienten las
brevas" y "Me enamoré de la gitana") parecen tener poca
relación con la historia. La segunda parte, encabezada
con el título "Jacinta es iniciada en la poesía", contiene
diecisiete poemas en los que no aparece directamente *Ja-*
cinta, que sólo vuelve a estar presente en los tres últimos,
referidos a la ruptura. El propio Moreno Villa en *Vida en*
claro (1944) reconocería una composición con tres partes bien definidas: la primera dedicada a los encuentros y

---

[44] Es muy probable que algunos poemas de la segunda parte sean anteriores al inicio de su relación con la muchacha; así lo indicaría por ejemplo una primera versión de "Contra presagio" publicada en el núm. 5-6-7
de *Litoral*, octubre de 1927, cuyo verso 8: "y por boca de blancas filas"
cambiará en el libro a: "y por la boca de *Jacinta*".

descubrimientos con *Jacinta*; otra con lo que él llama "algunos poemas difíciles", y la tercera con los poemas del rompimiento. En 1947, sin embargo, al recopilar este libro en la antología *La música que llevaba,* publicada en 1949, respetará las dos partes; aunque agrupa en la primera todos los textos referentes a la historia amorosa que mantiene,[45] del inicio a la ruptura, con ligeras alteraciones del orden; y deja en la segunda sólo los poemas que debían ilustrar a la muchacha, con un título más explícito: "Jacinta es iniciada en la poesía mediante poemas de variados tonos y sentimentos". El resultado es una estructura menos equilibrada en el número de poemas pero mucho más coherente en su temática.

En una lectura apresurada, los "poemas difíciles" pueden parecer un añadido que tiene poco que ver con la historia de amor. Sin embargo, la importancia estructural de estos textos y la profunda coherencia interna de todo el poemario ya fue puesta de relieve por Díaz de Castro [1989:41], que explicó cómo a los poemas de la primera parte, eufóricos y desenfadados, que presentan un fuerte contenido erótico y una sorprendente y ágil representación del diálogo, se contraponen en esos poemas de la segunda parte, gracias al recurso de enseñar a *Jacinta*, "el autoanálisis y la reflexión sobre la vida y la sociedad entre la esperanza voluntarista y el desengaño". Así, a la superficialidad de la relación amorosa que transmite la primera parte se opone, y en cierto modo complementa, en la segunda la reflexión existencial del autor, acorde con la densidad metafísica de sus libros anteriores, con un lenguaje "mucho más complejo en el que dominan las imágenes irracionales y aparecen los primeros tanteos surrealistas"

---

[45] La recopilación suprime once de los cuarenta poemas: los números II, III y VIII de la primera parte y III, VI, VIII, IX, X, XII, XIII y XVII de la segunda, que debió de sentir poco vigentes veinte años después de su escritura.

(Díaz de Castro, 1989:40). El contraste que se obtiene de la conjunción de los dos tipos de poemas refuerza la imposibilidad de la relación amorosa y justifica la ruptura final.

Moreno Villa había optado siempre por la rebeldía frente a la ortodoxia métrica: "Romper la medida de los versos era un gusto ya viejo en mí" (*Vida,* 146). De *Garba* a *Colección* había utilizado una gran variedad de metros y estrofas reconocidas, pero también grupos polimétricos y estrofas de rima libre. Su tendencia a la irregularidad se ve incrementada entre 1925 y 1929 por el impulso vanguardista y es abrumadora en *Jacinta la pelirroja.* Sólo uno de los cuarenta poemas del libro, el núm. VI de la segunda parte ("Ya no vuela, ya no canta"), mantiene con rigor esquemas tradicionales: es un romance. En otro, "Cuadro cubista", la armonía octosilábica es rota por un tetrasílabo, y la rima asonante no respeta la regularidad de los versos pares. Algo semejante ocurre en "Contra presagio", nueve de cuyos diez versos son eneasílabos, pero el verso quinto, en posición central, es decasílabo. Con él obtiene el poeta el quiebro irregular que prefiere. Todos los demás poemas tienen una irregularidad métrica muy acentuada. En casi todos se combinan versos de medidas muy diferentes: del trisílabo al verso de veintiuna sílabas. Caso ejemplar es "Y el chófer volvía la cara", poema de nueve versos de los que sólo dos repiten medida.

La misma falta de homogeneidad se observa en la distribución estrófica. La mayor parte consiste en un solo grupo de versos de muy distinta dimensión, entre los ocho y los dieciséis versos. En otras ocasiones hay división en grupos estróficos: generalmente dos o tres de extensión variada. El más equilibrado es "Causa de mi soledad", compuesto por cinco tercetos. Éste es un buen ejemplo también de cómo Moreno Villa puede empezar un poema respetando las normas, pero las acaba rompiendo. Los tres primeros tercetos están compuestos por dos octosílabos y un verso de pie quebrado, pentasílabo o hexasílabo; en los dos últimos tercetos se rompe la secuencia y el tercer verso es de arte mayor.

Por lo que a la rima se refiere, hay diferencias entre las dos partes que estructuran el libro. En la primera, once poemas son de versos anisosilábicos que carecen de rima. Pero en casi la otra mitad, nueve, sus versos polimétricos tienen con mayor o menor frecuencia rima asonante: en algunos casos muy definida ("Bailaré con Jacinta la pelirroja", "El hornillo es de 37 grados", "Al pueblo, sí, pero contigo"), incluso usada con propósito humorístico ("Yo quiero merendar con Jacinta", "Dos amores, Jacinta!"); en otros casos la asonancia está presente en todos los versos pares, arromanzando el poema ("De un modo y otro", "A Jacinta no se le conoce el amor"). En la segunda parte se emplea mucho más la asonancia. Dieciséis poemas la presentan con gran intensidad; y sólo cuatro ("Está de más y está de menos", el núm. XV, "Jacinta empieza a no comprender" y "Jacinta me inculpa de dispendioso") carecen de ella. Podría pensarse que tal vez la rima abunde más en los "poemas difíciles" para reforzar su densidad reflexiva, mientras que en los poemas dedicados a los episodios de la relación con *Jacinta,* escritos con posterioridad, el autor prescinda de ella buscando el desenfado, la lúdica despreocupación con que quiere plasmar esa historia. No obstante, existen suficientes ejemplos en contra de esa hipótesis, como los ya citados de la primera parte, o la asonancia en los versos pares de la última parte de "Israel, Jacinta", para desecharla. En todo caso, la técnica poemática de *Jacinta la pelirroja* confirma la "inclinación espontánea a escribir en versos totalmente libres, asonantados o no, aunque procurando interpretar un ritmo interno que respondiese al de mi alma" que al final de su vida reconocía Moreno Villa [1998:43].

La ruptura voluntaria con las normas métricas y estróficas en busca de la irregularidad como norma poética, incluso en uno solo de los versos del poema, fue considerada

por algunos críticos más como desaliño o falta de dominio
de la versificación, y generó un temprano reproche de
prosaísmo a la poesía de Moreno Villa.[46] Acusación basa-
da también en el uso de términos muy cotidianos, conside-
rados tradicionalmente "poco poéticos", que ciertamente
hallamos en el libro. Algunos ejemplos serían los "chorreosos gajos" de la naranja en "donde metemos cuchillo y uña"
("Comiendo nueces y naranjas"); las poco poéticas partes
y funciones del cuerpo: "en el riñón que filtra / en la uña que
araña", que eleva su temperatura por la pasión amorosa ("El
hornillo es de 37 grados"); frecuentes expresiones y adjeti-
vos tan coloquiales como "curioso y rabioso", "cara de apache", "peliculera Jacinta", "lacias cabelleras grasientas",
"horas amorfas", "me siento manirroto"; la imagen de la
muchacha manoteando en el aire ("De un modo y otro"); la
del "tren que descarrila" ("Si meditas, la luna se agranda");
frases poco frecuentes en la lírica como "El alma se basta y
se sobra [...] Ni se emboba en el infinito ("El alma en acción"); elementos de la técnica y la industria que ya incor-
poró el ultraísmo a la poesía, con la misma crítica de
insuficiencia poética: "el motor obtuso del barco [...] los
émbolos de los trenes en marcha" ("A la madrugada"); o ese
anhelo de sentirse "bobo de amor por la flor que brota [...]
bobo por la radio que canta / y por la boca de Jacinta" ("Contra presagio), y tantas muestras más que la lectura atenta
detecta sin dificultad.

Abundan asimismo las fórmulas interrogativas propias
del diálogo cotidiano, desde el primer verso: "Eso es, bailaré con ella [...] ¿No, Jacinta?; "que tú sabes, tú sabes, en
fin, tú sabes" ("Cuando revienten las brevas"); "¿recuerdas?" ("Y el chófer volvía la cara"), etcétera; y las interjec-
ciones o frases imperativas en segunda persona: "¡oye!",

---

[46] Todavía no hace mucho tiempo hemos podido leer que de la quiebra
del concepto clásico de verso en *Jacinta la pelirroja* resulta "una composición muy próxima a la prosa poética" (López Frías, 1990: 105).

"Jacinta!", "¡Pasa otra vez [...] tiéndete" ("De un modo y otro"), "¡Eso, Jacinta, ¡Eso!" ("No hay derrotas con Jacinta"), etcétera. La voz de la muchacha se escucha en pocas ocasiones: al ponderar el Picasso que ha comprado ("No ves qué línea? —dice. / ¿No vés qué fuerte y qué dulce"); cuando desea el viaje a Moscú para estudiar el teatro ruso ("—¿Iremos, iremos a Moscú? / Vámonos, vámonos"); y al cerrar la primera parte abriendo incógnitas suficientes sobre la seducción ("¿Y lo dices tú?"). Pocas ocasiones pero suficientes para reforzar la sensación de cercanía coloquial, de inmediatez, de historia real, por verdadera y cotidiana, del poemario. La misma función que desempeñan otros rasgos tenidos por prosaicos o "poco poéticos", como las retahílas del lenguaje popular —abundantes en la poesía neopopular de esos años— ("Loca, la bola que baila sola", "Mundo"); o la expresión entrecortada, casi de balbuceo ("... peli-peli-roja / pel-pel-peli-pelirrojiza, "Bailaré con Jacinta la pelirroja"). En este primer poema la repetición consigue un intenso grado de expresividad poética de carácter erótico, precisamente por lo que esconde:

> Qué bonitos, qué bonitos, oh, qué bonitos
> son sí, son, tus dos, dos, dos, bajo las tiras
> de dulce encaje de hueso de Malinas.

En realidad quien censura como prosaica la escritura poética de esta obra porque no respeta la uniformidad clásica de los ritmos métricos no atiende a lo que desde la primera estrofa del libro proclama su autor: "Eso es, bailaré con ella / el ritmo roto y negro / del jazz. Europa por América". Y ése es el único ritmo que Moreno Villa busca —deseará ser "cantor negro / de un jazz que siento / a través de diez capas del suelo", "Causa de mi soledad"—, como no dejó de explicar después: "Quise que apareciera algo del espíritu y la forma sincopada de 'jazz', que me embriagó en Norteamérica [...] El verso es bastante quebrado y con tendencia a ser hablado, no cantado" (*Vida*, 154). El jazz es el ritmo que acompañó su relación con *Jacinta* desde la primera noche. El jazz, que —como vimos— centraba las veladas en los cursos de la Residencia, era uno de los signos de la modernidad en aquella década de los años veinte. Y Moreno Villa pretendía hacer precisamente una poesía nueva, diferente, moderna por antirromántica, lúdica, deportiva, expresión de su tiempo, reflejo fiel de la muchacha que la provocaba: una poesía que rompiera definitivamente con los esquemas de la lírica sentimental al uso.

Por eso hallamos muchos otros signos de la modernidad, como el cine, los filmes ("Y el chofer volvía la cara"), Hollywood y sus actores (John Gilbert, Charles Chaplin — "¿No es un hebreo el máximo actor," "Israel, Jacinta");[47] el arte contemporáneo: Picasso y la pintura cubista ("Cuadro cubista"), pero también la arquitectura racionalista[48] ("para su casa rectilínea, / —sin roperos, con garaje y jardín, / piscina y mullidos tapices—", "Jacinta compra un Picasso"); los ballets rusos; el deporte ("No se hicieron para ti los caballos"); el auge del maquinismo y los automóviles ("y las borriquillas de Nazaret / se construyen en los talleres de Ford", "Israel, Jacinta"); la aviación ("Si meditas, la luna se agranda", "Infinito y motor"); la atmósfera de los años veinte en la imagen del mundo que baila sin cesar ("Mundo"); la rosa de los vientos como símbolo del nuevo renacimiento del viaje[49]

---

[47] Disponemos de un curioso dato sobre la afición de Moreno Villa al cine y en concreto a *Charlot*. Alfonso Reyes [1961: 115], entonces embajador de México en Francia, cuenta que durante una estancia de quince días del malagueño en París, la noche del 28 de septiembre de 1925 fueron juntos a ver una vez más la película *La Quimera del Oro*.

[48] Precisamente a poco de conocer a Jacinta, Moreno Villa recibe el ofrecimiento de dirigir la revista *Arquitectura*, tarea que desempeñaba al escribir estos poemas.

[49] Sobre este símbolo, puede verse Neira, 1984.

("Jacinta me inculpa de dispendioso"); o la radio —en 1928 se había inaugurado la primera emisora comercial española— de la que se confiesa "bobo" ("Contra presagio"). Señales todas de un tiempo nuevo, de una modernidad que Moreno Villa sabía disfrutar con los *residentes* más jóvenes, pero que ve encarnarse en *Jacinta*, ella misma "carne en pura geometría".

Bastantes poemas de la primera parte reproducen, como dijimos, los episodios del inicio y desarrollo de la relación: la euforia de los gozosos primeros momentos, el descubrimiento de la realidad que se hace nueva a través del modo en que el otro la contempla: la excursión a Toledo,[50] la merienda, los tópicos de la vida española sobre los que Moreno Villa le hace reflexionar ("Jacinta se cree española"). No falta tampoco en el libro la importancia que la atracción erótica tuvo en la relación personal. El erotismo es ingrediente que se expresa con fuerza en los dibujos que acompañan los textos, pese a su esquematismo; pero que también impregna los versos con imágenes directas que debieron de resultar una novedad no menor.[51] A los ejemplos ya citados de "Bailaré con Jacinta la pelirroja", "Comiendos nueces y naranjas" y "El hornillo es de 37 grados", debe añadirse la brega amorosa de "No hay derrotas con Jacinta", la imagen de una *Jacinta* pagana que se ofrece sugerente ("De un modo y otro") o la sensual descripción de la manera en que la yanqui muerde la fruta o se tiende en el césped para merendar:

---

[50] *Vid.* nota 18.
[51] El impacto del libro en su tiempo a este respecto lo atestiguará después en diversas ocasiones José Luis Cano [1977]: "Para mis diecisiete años aún tímidos ante el lance amoroso, aquella Jacinta deportiva, desenfadada en el amor [...], fue un estimulante baño de aire puro. Con Jacinta, con sus esbeltas piernas de Venus americana, como olas de un mar abierto, y con sus breves senos [...] debí de soñar muchas noches de aquel verano malagueño de 1929".

> ¡Jacinta muerde tan bien la cereza!
> Jacinta tiene áspera la melena,
> Pero con ondas largas, como sus piernas.

Desde el principio, sin embargo, se ponen de manifiesto también las dificultades y desencuentros de su relación, advirtiendo o preparando al lector sobre lo inevitable de un final infeliz. Por eso tiene una ubicación anacrónica el poema "Y el chofer volvía la cara", que el autor adelanta al cuarto lugar del libro aunque se refiere a un episodio del final de la historia, uno de sus enfados mientras cruzaban una noche en taxi Central Park, ya en Nueva York. Como toda relación amorosa, la de Moreno Villa y *Jacinta* persigue la fusión de una dualidad, la neutralización de elementos que en este caso resultan muy dispares por edad, formación, procedencia e incluso aspectos. Esta divergencia se traducirá en el libro mediante el recurso clásico del oxímoron: la oposición de contrarios. Así tenemos la antítesis entre vejez y juventud ("Comiendo nueces y naranjas"), entre la experiencia de lo vivido y el futuro por delante ("Muerte y vida"), entre actitudes distintas de la versátil *Jacinta* ("De un modo y otro"), o entre las dos formas de amor que ambos representan ("Dos amores, Jacinta!"). La antítesis estructura estos poemas a través de recursos estilísticos que entroncan al menos con la poesía renacentista: paralelismos sintácticos y oposiciones semánticas. Sólo un ejemplo del primero:

> Comemos las nueces, Jacinta,
> que son como seres viejos acartonados,
> y comemos naranjas, Jacinta,
> que son como anticipos de tu juventud.
> Qué sentido tan vario este del paladar.
> Lo seco y sin aroma,
> lo aromático y tierno.

El quiasmo de los dos últimos versos sintetiza con eficacia la distancia de toda índole que separaba a los amantes;

pero también es una buena muestra del respeto del autor por los procedimientos de la retórica clásica que sustentan el lenguaje poético, y desmienten el pretendido prosaísmo del libro. No sólo en esos textos, también en muchos de la segunda parte el lector encontrará la oposición de contrarios como eje vertebrador del discurso. Podrá hallar igualmente recursos estilísticos tradicionales como la aliteración fonética ("Cuando revienten las brevas", "Jacinta en Toledo"), abundantes recurrencias sintácticas o anáforas de todo tipo, epítetos, recurrencias semánticas, y una predisposición a las estructuras sintagmáticas de tres miembros tan frecuente que su ejemplificación resultaría abrumadora. Sólo citamos dos casos seguidos del poema que cierra el libro:

> Este libro, ¿de quién es?, de un judío.
> Esta mina, ¿de quién es?, de un hebreo.
> Esta ciencia, ¿de quién es?, de un semita.
> ¿No es un hebreo el máximo actor,
> y el Ministro de la Economía universal,
> y el maravilloso inventor?

Jacinta, la *flapper* neoyorquina que describió con contundencia en *Pruebas de Nueva York,* se nos va presentando ahora a través de los poemas como fría —es el suyo "amor nevado [...] amor-alpino, de choza, nieve y barranco"—, "dictadora de sus líneas", elástica y esquiva, altiva y caprichosa, impaciente e impulsiva, espontánea y fantasiosa, superficial y con no pocas contradicciones, que señala Moreno Villa en "Jacinta empieza a no comprender", cuando abre paso al desenlace de la historia y pretende convencerse y convencernos de que con ella le hubieran esperado "en el fondo del baño, sobre el lino nupcial, / kilómetros, millas de aburrimiento". Paralelamente, él se nos va desvelando, poema a poema, ardiendo en el ansia de su amor por la

muchacha —el suyo es "amor sangriento [...] torillo-
amor con su flor de sangre"—, "bobo de amor"; pero
también nostálgico del mar ("$\mathscr{D}$"), dueño de sí mismo
("Causa de mi soledad") y sobre todo profundamente
digno y consecuente: "Hay un dólar de más alta valía
[...] el que sigue tirante una raya en la soledad".

Como sabemos, no fue la diferencia de caracteres o de
experiencias y edad el desencadenante del fracaso de su
historia amorosa, sino la oposición paterna por la diferencia de posición económica que en algún momento se pre-
tendió embozar de diferencia religiosa. No extraña por
tanto que el dinero tenga una importancia destacada en el
libro. La distinta concepción del dinero y su poder se trasluce ya en "Jacinta compra un Picasso": "Y Jacinta se besa
la mano. / La mano que dio los dineros. / Dineros por arte", pero se explicita con detalle en el penúltimo poema,
"Jacinta me inculpa de dispendioso", toda una declaración
de fidelidad a sus principios y a una escala de valores en la
que el dinero ocupa lugar muy secundario:

> Abre, Jacinta, los ojos a la creación
> Las manos y todo tu ser.
> Que se caigan y se pierdan los dólares.

El poema que cierra el libro, "Israel, Jacinta", es un colofón dolorido en el que Moreno Villa no oculta la rabia por el
comportamiento del padre, identificado con su condición
de banquero judío. No creemos que la acerba crítica del malagueño deba atribuirse a beligerancia contra la raza judía.
No en vano fue consciente desde el primer momento de que
se enamoraba de una judía, como cuenta en *Vida en claro*.
Antes bien, lo que existe en este poema es un profundo rechazo al sistema de valores que imponía el capitalismo, que
a su vez se identificaba en el mundo occidental con la pree-
minencia de los judíos en el entramado financiero internacional. Más que alegato racista hay pues bastante crítica

social[52]—preludio de la actitud de izquierdas que mantendría Moreno Villa durante la etapa republicana—, muy exacerbada por su experiencia personal con el padre de *Jacinta*. Otra cosa es que esa opinión generalizada sobre la actitud dominante de los judíos en la banca internacional fuese el caldo de cultivo que fomentaría en la década siguiente el racismo, la persecución y el genocidio judíos.

Un aspecto de la mayor importancia para explicar la originalidad de *Jacinta la pelirroja* es el empleo de las imágenes irracionales que, sobre todo en los "poemas difíciles" de la segunda parte aunque no sólo en ellos, vinculan el lenguaje poético de Moreno Villa a las técnicas surrealistas que el malagueño debió de conocer durante sus viajes a París y a través de su amistad con los artistas españoles que allí residieron. En la "Carta al autor" que escribió a José María Hinojosa como prólogo al libro de relatos surrealistas *La flor de California,* Moreno Villa afirma: "He simpatizado de golpe con esa técnica porque ya la pintura gemela me tenía preparado. Y recuerdo que comprendí mejor los cuadros de Bores o de Miró cuando leí tus narraciones y que también éstas se me iluminaron al ver aquellos" (Hinojosa, 1983: II, 12). Antes nos referimos a la simultaneidad del Moreno Villa poeta y del pintor y realmente en estos años era más habitual considerarle pintor que poeta por la exposición pública de sus óleos y el silencio de sus libros. Hay una identidad estética muy notable entre las imágenes visuales de los cuadros que pinta y las imágenes poéticas irracionales de muchos de estos poemas. El caso más evidente es la semejanza entre la escena del óleo *El encuentro*[53] y un fragmento de "Observaciones con Jacinta", que parece su descripción:

---

[52] Semejante a la que realiza Federico García Lorca como consecuencia de su viaje a Norteamérica en *Poeta en Nueva York* pocos meses después de escrita *Jacinta la pelirroja*.

[53] Pertenece al Museo de Bellas Artes de Málaga. Puede verse reproducido en Pérez de Ayala, ed., 1987: 141.

Mira, peliculera Jacinta,
Mira bien lo que tiene por nariz el elefante.
[...]
mira la mujer y el hombre que contratan no
[separarse jamás;

similitud que nos hace comprender que el *aprendizaje* de *Jacinta* no podía ser sólo a través de poemas, sino también a través de cuadros. Ambos eran para Moreno Villa sólo distintos modos de una misma expresión de la realidad. Por eso *Jacinta la pelirroja* se subtitula "poema en poemas y dibujos"; y éstos no sólo ilustran, también *significan* la crónica poética de su frustrado amor.

Las imágenes irracionales, en las que se rompe la relación lógica entre los elementos vinculados, como las que encontramos en el poema "VIII" de la segunda parte: "la girafa tiene más días que yo, / y la estilográfica no le sirve al canguro",[54] la secuencia de filme surrealista que parece "X",[55] la referencia cristológica de "Mundo" ("Detrás de un ay se levanta el sol, / y las golondrinas del Gólgota giran sobre mi yo"),[56] o la transformación de lugar en otro sin transición metafórica, como ocurre con el cuarto del poeta en "𝒟", crean una atmósfera de irrealidad, de onirismo y *magia poética,* que es reforzada por los procedimientos anafóricos y enumeraciones más o menos caóticas. Imágenes de este tipo pasan a ser frecuentes en la poesía española, al menos durante unos años, en libros

---

[54] El manuscrito conservado en la Residencia de Estudiantes incluye dos versos al inicio de este poema, luego tachados, que son buenos ejemplos también de imágenes irracionales: "Las jirafas, que gozan de sol más horas que el hombre / y las ranas que lo mismo respiran cristal que humo" (Moreno Villa, 1998: 787).

[55] Díaz de Castro [1989: 43] relaciona con buen criterio este poema con *El perro andaluz* de Luis Buñuel.

[56] En esta imagen se aprecia una notable semejanza con las que abundan en los relatos y textos oníricos de *La flor de California.* Cfr. Neira, 1989.

NOTICIA BIBLIOGRÁFICA

POESÍA

Garba, Imprenta F. J. Zabala, Madrid, 1913.
El pasajero, Imprenta Clásica Española, Madrid, 1914.
Luchas de Pena y Alegría. Alegoría, Imprenta Clásica Española, Madrid, 1915.
Evoluciones, Casa Editorial Calleja, Madrid, 1918.
Colección. Poesías, Imprenta de Caro Raggio, Madrid, 1924.
Jacinta la pelirroja. Poema en poemas y dibujos, Suplemento de *Litoral,* Imprenta Sur, Málaga, 1929.
Carambas. 1.ª serie. Ediciones posibles, Madrid. 1931; 2.ª serie, Ediciones provisionales, Madrid, 1931.; 3.ª serie, Ediciones inaceptadas, Madrid, 1931.
Puentes que no acaban, Concha Méndez y Manuel Altolaguirre, Impresores, Madrid, 1933.
Salón sin muros, Ediciones Héroe, Madrid, 1936.
Puerta severa, Tierra Nueva, México, 1936.
La noche del Verbo, Tierra Nueva, México,1941.

OBRA POÉTICA PÓSTUMA

Voz en vuelo a su cuna (En la portada del mismo se dice: "avance de ese libro inédito con un poema inicial de Jorge Guillén" y en una Nota a la Edición: "Nuestra gratitud para Bernabé Fernández Canivell que nos ha cedido el original inédito del

que hemos hecho esta arbitraria selección"). Edición de
Ángel Caffarena. Cuadernos de María Cristina. Poesía española contemporánea, Málaga, MCMLXI.

Voz en vuelo a su cuna, Prólogo de León Felipe y Epílogo de Juan
Rejano. Edición de Jesús Martí, Emilio Prados y Juan Rejano,
Ecuador 0° 0' 0", México, 1961.

ANTOLOGÍAS POÉTICAS

Florilegio, Prólogo y selección de Pedro Henríquez Ureña, García
Monge y Cía Editores. "El Convivio", San José de Costa Rica,
1920.

Antología, Poesía, III, 2, Imprenta Manuel Altolaguirre, Madrid,
1930.

La música que llevaba. Antología poética (1913-1947), Editorial Losada, Colección "Poetas de España y América", Buenos Aires, 1949.

Antología, Prólogo y selección de Luis Izquierdo, Plaza y Janés
Editores, Colección "Selecciones de Poesía Española", Es-
plugues de Llobregat, Barcelona, 1982.

Antología Poética, Introducción de Alfonso Canales, Selección y
apéndice bio-bibliográfico de Enrique Baena, Publicaciones
del Centro Cultural de la generación del 27, Colección "La
ola gratinada", núm. 1, Málaga, 1987.

José Moreno Villa (Málaga 1887-México 1955), Selección de Francisco Cumpián, Número monográfico de *Zoo,* Madrid, 1991.

Antología poética, Edición, introducción y selección de Rosa
Romojaro, Editorial Don Quijote, Biblioteca de Cultura Andaluza, Sevilla, 1993.

OTRAS EDICIONES DE LIBROS POÉTICOS

Jacinta la pelirroja. Poema en poemas y dibujos. Reproducción
anastásica de la primera edición de *Litoral.* Prólogo de José
Luis Cano, Editorial Turner, Colección "Beltenebros", Madrid, 1977. Existe una segunda edición de 1978.

Carambas, Edición pirata de 200 ejemplares numerados, Madrid. Sin especificar año.

Carambas, Edición facsímil, Ediciones Norba 10004, Prólogo de
   José Luis Bernal, Cáceres, 1989.

TRADUCCIONES

Giacinta la rossa, Introduzione e traduzione di Vittorio Bodini,
   Giulio Einaudi Editori, Torino, 1972.

POESÍA COMPLETA

Poesías completas, Edición de Juan Pérez de Ayala, El Colegio de
   México y Publicaciones de la Residencia de Estudiantes, Madrid, 1998.

OBRAS EN PROSA. CUENTOS, ENSAYOS, VIAJES, TEATRO

Patrañas, Imprenta de Caro Raggio, Madrid, 1921.
La comedia de un tímido (En dos actos, cuatro cuadros), La Lectura, "Cuadernos literarios", n.º 6. Con un retrato del autor
   por Vázquez Díaz, Madrid, 1924.
Pruebas de Nueva York. En la portada del libro se dice: Madrid.
   Espasa Calpe. Y en la tercera hoja: Málaga. Imprenta Sur. En
   el colofón del libro aparece: "Este libro se acabó de imprimir
   el día 14 de diciembre de 1927, en la Imprenta Sur. San Lorenzo, núm. 12. Málaga". Existe una edición facsimilar en la
   Editorial Pre-Textos, Valencia, 1989.
Cornucopia de México, La Casa de España en México, México,
   1940. La 2.ª edición (aumentada) en Edit. Porrúa y Obre-
   gón, México, 1950. La 3.ª (con prólogo y notas de Roberto
   Suárez Argüello), SepSetentas, México, 1976. Y una 4.ª edición, Fondo de Cultura Económica, México, 1985.
Doce manos mejicanas, R. Loera y Chávez, México, 1941.
Vida en claro. Autobiografía, El Colegio de México, México,
   1944. Existe una 2.ª edición del Fondo de Cultura Económica, Madrid, 1976.
*Leyendo a San Juan de la Cruz, Garcilaso, Fr. Luis de León, Béc-
   quer, Rubén Darío, Juan Ramón Jiménez, Jorge Guillén,*

Federico García Lorca, Antonio Machado, Goya, Picasso, Centro de Estudios Literarios de El Colegio de México, México, 1944.

Pobretería y locura, Editorial Leyenda, México, 1945.

Lo que sabía mi loro, Isla, México, 1945. Existe una 2ª edición con una presentación de Luis Izquierdo, Alfaguara, Madrid, 1977.

Los autores como actores y otros intereses literarios de acá y de allá. El Colegio de México. México. 1951. La 2ª edición en Fondo de Cultura Económica. Madrid, 1976.

Bestiario, Introducción de Mario Hernández y Nota de Julio Betegón Castelo, El Crotalón y Centro Cultural de la Generación del 27 [Imprenta Rubiales, Ocaña (Toledo)], Madrid, 1985.

Pormenores de infancia. Con una ilustración del autor para *El archipámpano de las pulgas,* de G. B. Basile (1935) y una introducción de J. P. A. (Juan Pérez de Ayala). "Poesía circulante". Colección dirigida por Rafael Inglada, Málaga, 1995.

EDICIONES CON ESTUDIOS PRELIMINARES

Diálogo de la lengua de Juan de Valdés, Saturnino Calleja, Madrid, 1919.

Poesía de José de Espronceda, La Lectura, Madrid, 1923.

Teatro de Lope de Rueda, La Lectura, Madrid, 1924.

PRÓLOGOS

A la *Flor de California* de José María Hinojosa. Babel. "Nuevos novelistas españoles", Madrid, 1928. Reeditada en La Isla de los Ratones, Sur Ediciones, Edición e introducción de Julio Neira, Santander, 1979.

A la *Bibliografía de Goya* de Genaro Estrada, La Casa de España en México, México, 1939.

ESTUDIOS DE HISTORIA DEL ARTE

Velázquez, Saturnino Calleja, Madrid, 1920. Existe una 2.ª edición: El Guadalhorce, Málaga, 1961.

Dibujos del Instituto de Gijón, Artes de la Ilustración, Madrid,1926.

Locos, enanos, negros y niños palaciegos. Gente de placer que tuvieron los Austrias en la Corte Española desde 1563 a 1700, La Casa de España en México y Editorial Presencia, México, 1939.

La escultura colonial mexicana. El Colegio de México, México, 1941. Existe una 2.ª edición: Fondo de Cultura Económica, México, 1986.

Lo mexicano en las artes plásticas, El Colegio de México, México, 1948. Una 2.ª edición se publica en el Fondo de Cultura Económica, México, 1986.

TRADUCCIONES

De Mauthner, F.: *Contribuciones a una crítica del lenguaje.* Editorial Daniel Jorro, Biblioteca Científica-Filosófica, Madrid, 1911.

De Schlegel, F.: *Lucinda,* La Pluma, Madrid, 1921.

De Wölfflin, H.: *Conceptos fundamentales en la historia del arte,* Espasa Calpe, Madrid, 1921.

De Schnitzler, A.: *La señorita Elisa,* Leyenda, México, 1945.

BIBLIOGRAFÍA SELECTA

AA.VV.: *José Moreno Villa (1887-1955),* Ministerio de Cultura. Con la participación de la Dirección General de Bellas Artes y Archivos y la colaboración del Centro Cultural de la Generación del 27 y el CSIC, Madrid, 1987. Incluye estudios de José Francisco Cirré, Francisco Calvo Serraller, Jesús Domínguez Bordona, Jorge Crespo de la Serna, Luis Moya, Eugenio Carmona Mato y una "Miscelánea biográfica" de Juan Pérez de Ayala.

——: *José Moreno Villa.* Palabras del 27. Edita: Centro Cultural de la Generación del 27, Málaga, 1988. Incluye textos de Cristóbal Cuevas, José Ángel Cilleruelo, Juan Pérez de Ayala, Eduardo Jiménez Urdiales, María José Romero Chamorro.

——: *José Moreno Villa en el contexto del 27.* Edición dirigida por Cristóbal Cuevas García, Anthropos. Editorial del Hombre, Barcelona, 1989. Incuye textos de: Cristóbal Cuevas, Guillermo Carnero, Francisco J. Díaz de Castro, Luis Izquierdo, Leonardo Romero Tobar, Francisco Giner de los Ríos, José E. Moreno Nieto, José María Barrera López, Antonio García Velasco, Antonio Jiménez Millán, José Luis Reina, María Payeras Grau, Antonio A. Gómez Yebra, Enrique Baena, Manuel Alberca, Pura Serrano Cuesta y José Antonio Fortes, Marina Villalba Álvarez, María Dolores Gutiérrez Navas, Francisco Abad, Antonio López Frías, Julián Sesmero.

Aleixandre, Vicente: *Los encuentros. Obras completas,* Aguilar, Madrid, 1968.

Arconada, César M.: "En la Residencia de Estudiantes. Mujeres, árboles y poetas", *La Gaceta Literaria*, 40, Madrid, 15 agosto de 1928, p. 2.

Azorín: "Los poetas. Jacinta", *ABC*, Madrid, 11 de diciembre de 1929, p. 3.

Ballestero Izquierdo, Alberto: *José Moreno Villa (1887-1955): Generación y Bibliografía,* Eunate, Pamplona, 1995.

Bermejo, J. M.: "Vida de un retraído: José Moreno Villa", *Cuadernos Hispanoamericanos,* núm. 331, Madrid, 1978.

Bodini, Vitorio: *Poetas surrealistas españoles,* Tusquets, Barcelona, 1971.

Calle, J. de la: "*Jacinta la pelirroja:* lírica de evidencias", Investigaciones Filológicas, Universidad de Málaga, 1990.

Cano, J. L.: "Reaparición de Jacinta", prólogo de a la edición de *Jacinta la pelirroja,* Ediciones Turner, Madrid, 1977 y 1978.

Carmona Mato, Eugenio: *José Moreno Villa y los orígenes de las vanguardias artísticas en España (1909-1936),* Universidad de Málaga y Colegio de Arquitectos en Málaga, Málaga, 1985.

Carnero, Guillermo: "Recuperación de Moreno Villa", *Ínsula,* núm. 368, Madrid, 1977.

——: "José Moreno Villa y las orientaciones de la vanguardia española". En AA.VV. [1989: 13-29].

Cernuda, Luis: *Prosa completa,* Barral, Barcelona, 1975.

Cirre, J. F.: *La poesía de José Moreno Villa,* Ínsula, Madrid, 1963.

Díaz de Castro, Francisco Javier: "La poesía vanguardista de Moreno Villa", en AA.VV. [1989: 30-67].

Diego, Gerardo: "El buen amigo", *Caracola,* núm. 48, Málaga, octubre 1956, s.p.

Díez-Canedo, Enrique: "Poetas nuevos", *España,* núm. 47, 16 diciembre, 1915, p. 6.

D'Ors, Eugenio (*Xenius*): "Las obras y los días", *España,* núm. 1, Madrid, enero, 1915, p. 5.

Fajardo, Salvador J: "José Moreno Villa, "The Residencia" and *Jacinta la pelirroja", Anales de la Literatura Española Contemporánea,* 19, 1-2, University of Nebraska, 1994, pp. 67-84.

Fernández Almagro, Melchor: "Literatura Nueva. Los poetas de Málaga", *La Gaceta Literaria,* 86, Madrid, 15 julio, 1930, p. 5.

García Lorca, Federico: *Antología modelna,* edición de Miguel García-Posada, Comares, Granada, 1995.

García Maroto, Gabriel: "Pruebas de Nueva York", *Contemporáneos*, núm. 7, México, diciembre, 1928, pp. 397-402.

Garrido Moraga, A: "La teoría poética de José Moreno Vila", *Diario Sur*, Sur Cultural, Málaga, 30 de julio de 1988.

Giménez Caballero, Ernesto: "El Robinson entre sus amigos los salvajes ibéricos", *La Gaceta Literaria*, núm. 117, Madrid, 1 de noviembre de 1931, pp. 13-16.

Hernández, Mario: "Breves noticias de las jinojepas", *Boletín de la Fundación Federico García Lorca*, núm. 2, Madrid, diciembre de 1987, pp. 51-54.

Hinojosa, José María: *Poesías completas,* Edición de Julio Neira, *Litoral,* núm. 133-138, Torremolinos, Málaga, agosto de 1983, 2 vols.

Huergo, Humberto: "Lo sublime y la vanguardia. Forma y finalidad en *Jacinta la pelirroja*", *Nueva Revista de Filología Hispánica*, XLIV, 2, México, 1996, pp. 489-540.

Izquierdo, Luis: "Prólogo" a José Moreno Villa: *Antología,* Plaza y Janés, Barcelona, 1982, pp. 11-63.

——: "José Moreno Villa. Puentes que no acaban", *Cuadernos de la Fundación Españoles en el Mundo,* núm. 1, Madrid, 1994.

López Frías, María Antonia: *José Moreno Villa. Vida y poesía antes del exilio (1887-1937),* Publicaciones de la Diputación Provincial, Málaga, 1990.

Machado, Antonio: "Reflexiones sobre la lírica. El libro *Colección* del poeta andaluz José Moreno Villa", *Revista de Occidente*, XXIV, junio de 1925, pp. 359-377.

Morales, Antonio: *Dramaturgia y puesta en escena de Jacinta la pelirroja,* Escuela Superior de Arte Dramático y Danza, Murcia, Publicaciones Curso 86-87, Murcia, 1987.

Muñoz Rojas, José Antonio: *Amigos y maestros,* Pre-Textos, Valencia, 1992.

Neira, Julio: "La Rosa de los Vientos en la poesía española de los años 20", *Anuario de Estudios Filológicos*, VII, Cáceres, 1984, pp. 263-280.

——: "La Religión en *La flor de California* de José María Hinojosa", *Insula*, núm. 515, Madrid, 1989, pp. 17-19.

——: "Claves inéditas para la historia de *Litoral.* El Epistolario de Tudanca", *Insula*, 594, Madrid, 1996, pp. 13-16.

Pérez de Ayala, Juan (ed.): *José Moreno Villa (1887-1955),* Biblioteca Nacional, Madrid, 1987.

——: "José Moreno Villa escribe a Alfonso Reyes, 1922-1931. (Algunos datos más sobre una larga amistad)", *Boletín de la Fundación Federico García Lorca*, 13-14, Madrid, mayo de 1993, pp. 115-132.

Reyes, Alfonso: *Diario (1911-1930)*, Universidad de Guanajuato, Guanajuato, 1961.

Robb, James W.: "Reyes y Moreno Villa en España y México", *Cuadernos Hispanoamericanos*, núm. 537, Madrid, 1995.

Romojaro, Rosa: "La segunda poética de José Moreno Villa". *Analecta Malacitana*, Universidad de Málaga, XIV, 1, Málaga, 1991, pp. 129-140.

Salinas, Pedro: *Ensayos completos*, Taurus, Madrid,1983.

—— y Guillén, Jorge: *Correspondencia (1923-1951)*, Tusquets, Barcelona, 1992.

Salvador, Álvaro: "José Moreno Villa, un hombre del 27. (*Jacinta la pelirroja* o la erótica moderna)". *Cuadernos Hispanoamericanos*, núm. 355, Madrid, 1978.

Santos Torroella, Rafael: *Los "putrefactos" de Dalí y Lorca. Historia y antología de un libro que no pudo ser*, Residencia de Estudiantes-CSIC, Madrid, 1995.

Torre, Guillermo de: *Historia de las Literaturas de Vanguardia*, Guadarrama, 3.ª ed., 3 vols, Madrid, 1974.

Villar, Arturo del: "De cómo el poeta malagueño José Moreno Villa conoció y se enamoró de una joven neoyorkina, pelirroja por más señas", *Estafeta Literaria*, núm. 617, Madrid, 1977.

NOTA PREVIA

PARA nuestra edición hemos tenido principalmente en cuenta los siguientes textos:

1. El manuscrito que se encuentra en la Biblioteca de la Residencia de Estudiantes. Tiene una extensión de 32 páginas que incluyen 33 poemas, ya que los numerados con el 28 y 29 se encuentran en la misma página.

Como la edición completa y definitiva de *Jacinta la pelirroja* incluye un total de 40 poemas, el manuscrito carece de 7 de ellos.

2. La primera edición: Undécimo Suplemento de la revista *Litoral,* Imprenta Sur (que se encontraba en la calle de San Lorenzo, 12), Málaga, 1929.

Nos hemos servido de un ejemplar que puso amablemente a nuestra disposición Lorenzo Saval, codirector, con José María Amado, de la actual *Litoral.*

3. Las dos ediciones de Turner, que son reproducciones anastásicas de la primera edición malagueña. Una de 1977 y la segunda de 1978. Ambas de la Colección "Beltenebros" de dicha Editorial de Madrid.

4. *Giacinta la Rossa.* Introduzione e traduzione di Vittorio Bodini, Giulio Einaudi Editori, Torino, 1972. (La edición es bilingüe).

5. La edición de *Jacinta la pelirroja* que se encuentra en Moreno Villa, J.: *Poesías completas",* ed. de Juan Pérez de Ayala, El Colegio de México y Publicaciones de la Residencia de Estudiantes, Madrid, 1998.

R. B. y J. N.

JACINTA
LA PELIRROJA

poema en poemas de

J. MORENO VILLA

II.º suplemento
de litoral
málaga
1.929

Florence, la auténtica "Jacinta",
según un dibujo de Moreno Villa.
Debajo: firma autógrafa del autor.

I.ª Parte

I. BAILARÉ CON JACINTA LA PELIRROJA

E s o es, bailaré con ella
el ritmo roto y negro
del jazz. Europa por América.
Pero hemos de bailar si se mueve la noria,
5   y cuando los mirlos se suban al chopo de
la vecina.

Porque, —esto es verdad—
cada rito exige su capilla.
¿No, Jacinta?
Oh, Jacinta, pelirroja, peli-peli-roja
10   pel-pel-peli-pelirrojiza.

En el manuscrito (en adelante **Ms.**) existen dos versiones diferentes de los versos 2 y 3: "porque tiene su totalidad / aires de cedro y de yesca" y "cuerpo de plata / pelo de yesca". Los versos publicados en *Litoral* (en adelante **Lit.**) —edición de 1929—, no aparecen en **Ms.**

Qué bonitos, qué bonitos, oh, qué bonitos
son, sí, son, tus dos, dos, dos, bajo las tiras
de dulce encaje hueso de Malinas.
Oh, Jacinta,
15 bien, bien mayor, bien supremo.
Ya tenemos el mirlo arriba,
y la noria del borriquillo, gira.

En **Ms.** el verso 13 es: "de dulce encaje, hueso, de Malinas". En **Lit.** la
palabra *hueso* no aparece entre comas.

II. CUANDO REVIENTEN LAS BREVAS

E STARÁS leyendo un libro que no te gusta,
   —porque te gustan más las ramas y
         accidentes del aire y del jardín—.
Cuando revienten las brevas,
5   vendrán las vendimiadoras, con sus racimos.
Vendrá Isabelilla,
que tú sabes, tú sabes, en fin, tú sabes
que, todos los años, cuando viene Isabelilla,
cierras el libro y me dices "¿vamos al tomillar"?

En **Ms.** el verso 2 llega hasta la palabra "del". También faltan los acentos en las palabras "vendrán", verso 5, y en el pronombre "tú", repetido tres veces en el verso 7.

Este poema se omite en la antología hecha por el propio Moreno Villa y publicada en la Editorial Losada, Buenos Aires, 1949 (a partir de ahora **Los.**), bajo el título *La música que llevaba. Antología poética. (1913-1947).*

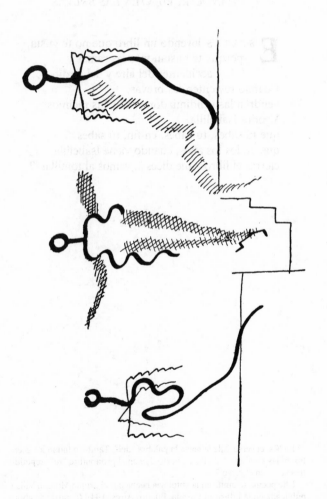

III. ME ENAMORÉ DE LA GITANA

CON todo el miedo de mis diez y ocho años
y todo el amor de esa misma hora,
yo quise pintar a la gitana de los percales.
Pintarla, para, durante la postura,
5   decirle, ¡qué ojos, qué boca, qué dientes!
Pero la gitana, se lo dijo al gitano,
y la gitana cambió de circuito:
no pasó más por la puerta de mi casa.

Este poema no se incluye en **Los.**

IV. Y EL CHOFER VOLVÍA LA CARA

E N aquel taxis, aquella noche,
y en aquel parque, llorando como de verdad,
tu naricilla fría y mi barba rapada...
—¿recuerdas?— el chofer, curioso y rabioso,
5   volvía la cara de apache.

(Parque central de Nueva York,
cinco minutos cruzando la noche;
la pelirroja venal, llorando en mi hombro,
y, delante, la vacilación criminal del chofer).

En **Ms.** se tacha otra versión del verso 4. Aseguraríamos que lo tachado
es "adivinándome extranjero" por "curioso y rabioso". También en el verso 5 y tras la palabra "apache" se ve claramente un signo de interrogación
que no se reproduce en **Lit.**

V. CUANDO SALGA LA GAVIOTA

E STAREMOS en la azotea
  cuando salga la gaviota
con sus diez americanas, viejas y tobilleras.
(Tobillos? — Rodillas).
5   Del agua viscosa surtirá la mecano del aire.

Jacinta la peli-peli,
sentirá el pellizquito en el corazón
y, de rechazo, sus dedos
pellizcarán mi brazo.

10   —Jacinta, Jacinta!...
Tus movimientos son impagables,
Jacinta! —le diré.
Jacinta! — Y, acallando el júbilo:
Jacinta, ¿imaginas que es libre la gaviota?

En **Ms.** y en el verso 5 se ha tachado una palabra que nos parece "acei-
to" (seguramente "aceitosa" iba a ser la palabra escogida) siendo la definitiva "viscosa".
    También existe un mayor espacio entre los versos 5 y 6 y entre el 9 y el 10.

VI. COMIENDO NUECES Y NARANJAS

C OMEMOS las nueces, Jacinta,
   que son como seres viejos acartonados,
y comemos naranjas, Jacinta,
que son como anticipos de tu juventud.
5   ¡Qué sentido tan vario éste del paladar!
Lo seco y sin aroma,
lo aromático y tierno.
Nueces, nueces pardas, arrugaditas
informes, acartonadas;
10   nueces para jugar y apedrear,
que hay que romper con herramientas
y comer como simios.
Naranjas, naranjas de fuego, de chorreosos gajos,
carne —¡oye! carne en pura geometría,
15   donde metemos cuchillo y uña
codiciosos, como las reses bravas.

En **Ms.** existe, previa a la palabra "vario" del verso 5, "hondo" (¿?) tachada.

En el número 9, previa a "informes", "acartonadas" igualmente tachada.

En **Los.**, verso 5, se restituye el acento a "éste". En *Vida en claro* (en
adelante *Vida*) (p. 157) se copia este poema con el título modificado de
"Comiendo nueces con Jacinta"; el verso 5 entre exclamaciones (¡!).

VII. *EL HORNILLO ES DE 37 GRADOS*

J ACINTA, el horno humano
   delira si sube a los 42 grados.
Fíjate, Jacinta, que la buena marcha
exige 37 grados en la lengua que habla,
5   en el riñón que filtra,
en la uña que araña,
en el cerebro que maquina
y en el titulado corazón que ama.
¡Jacinta!:
10   Quien sube a los cuarenta, delira.
¡Jacinta, por Dios, un paño embebido de agua fría!

En **Ms.** y en el verso 1, antes de las palabras "el horno", está tachada
"fíjate". Y se cambia el orden de los versos 6 y 7, eliminando en el primero de ellos en **Lit.** una "y" que antecedía a "en la uña que araña".

VIII. MUERTE Y VIDA

E L silencio es un cadáver, Jacinta.
La nostalgia es un cadáver, Jacinta.
Quiero mostrarte todos los cadáveres
y luego barrerlos, quemarlos con sólo una voz viva.

5   Todos arrastramos cadáveres;
el mayor, la rutina.

Pero qué don tan grande,
qué don tan inconmensurable, Jacinta
el de hacer, el de presentar un organismo
10   al certamen sin término de la vida.

Este poema fue desechado en **Los.**

En **Ms.** la palabra "cadáver" de los versos 1 y 2 aparece sin acento y en el verso 7 está tachada la palabra "gran" (¿?) antes de "don tan grande".

En el verso 3 la palabra "todos" va acentuada y en el 5 se acentúa la palabra "cadáveres" en la primera sílaba.

IX. AL PUEBLO, SÍ, PERO CONTIGO

A L pueblo, sí, pero contigo, Jacinta.
Bordeando la vía del tren y el río.
Bordeando todas las flores del camino,
bordeando la iglesia,
5   el castillo,
la nube
y los bellos espíritus.

Bordeando la salud.
Corriendo por la inteligencia al filo.

10   Manteniendo nuestro corazón de carne
con carne sencilla e instinto.
Ven Jacinta, pelirrojiza,
copa sin pie, puro equilibrio.
Vamos al pueblo, bordeándolo todo.
15   El aire, la luz y hasta el concierto divino.

En **Ms.** existe un espacio mayor entre los versos 7 y 8 y entre el 9 y el 10.
La palabra "pie" del verso 13 va acentuada. La palabra "bordeándolo" del
verso 14 en el manuscrito se presenta sin acento. En *Vida* (p. 193) se lee:
"bordeándole". En el verso 11 hay dos palabras tachadas: "de" e "y" que se
cambian por "con" y "e".
Este poema se publicó en **Lit. 8** sin variante alguna.

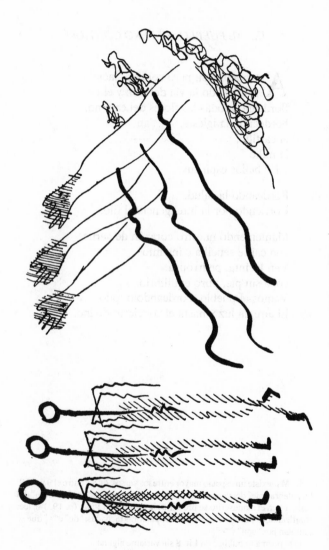

X. DE UN MODO Y OTRO

Si manoteas en el aire, Jacinta,
puedes herir a un alma que pasa.
Por eso me gustas con los brazos caídos
o con ellos atrás bajo la cabeza roja y clara.
5   ¡Pasa otra vez, Jacinta,
como cariátide recta o virgen romana,
como sombra silenciosa y sumisa
por delante de la pantalla!
O bien, Jacinta, tiéndete
10   como mujer pagana
bajo el roble,
y duérmete con los brazos por almohada;
que de un modo verás tu pudicia
y, del otro, mi ansia.

En **Ms.** hay una tachadura en el verso 1 y otra en el 4, así como dos en
el 7 y otra en el 8, que no podemos descifrar. Sólo la primera tachadura
del 7 parece interpretable como la palabra "cruza".

En los versos 4, 9 y 12, respectivamente, las palabras "atrás", "tiéndete" y "duérmete" aparecen sin acento.

XI. A JACINTA NO SE LE CONOCE EL AMOR

Así es Jacinta
dictadora siempre del mundo de sus líneas.
Jamás sensiblera
jamás caediza,
5 jamás inflada o roma,
pesada o cautiva.
Nadie le conoce el amor
sino el que comparte su penumbra tibia.
Todos conocen su elasticidad,
10 o su aspecto de diana esquiva.
Sólo uno conoce el declive
de su alma cuando amor la visita.

En **Ms.** la palabra "jamás" del verso 5 no está acentuada.

En el verso 8 se tacha "la acompaña en" por "comparte" de la versión de **Lit.**

El verso 9 fue redactado previamente y después tachado como "para todos ella es la elástica Diana". Y en el verso 10 hay otras palabras tachadas que no podemos descifrar. Sobre lo eliminado aparecen las palabras "o su aspecto".

En el verso 11 aparecen igualmente 3 palabras suprimidas. La primera es "sabe" y las otras dos no hemos podido descifrarlas.

XII. JACINTA COMPRA UN PICASSO

P ARA su casa rectilínea,
   —sin roperos, con garaje y jardín,
piscina y mullidos tapices—.
Jacinta compra un Picasso a tres tonos:
5   rosa, blanco y azul.
Me recibe brincando. Y me abraza:
—¿No ves qué línea? —dice.
¿No ves qué fuerte y qué dulce?
Y Jacinta se besa la mano.
10   La mano que dio los dineros.
Dineros por arte.

En **Ms.** los monosílabos "ves" de los versos 7 y 8 y el "dio" del verso 10 van acentuados. Al término del verso 3 no hay ningún signo de puntuación.

También en el verso 7 se abren unas comillas que después no se cierran y que han sido eliminadas posteriormente en **Lit.**

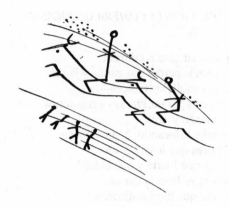

XIII. NO SE HICIERON PARA TI LOS CABALLOS

Nɪ las bridas ni los estribos.
   No sabes ni sabrás montar esa fuerza.
Me río como si quisieras galopar sobre nubes
o guiar las olas del mar.
5   Jacinta, señálame tú mi empeño vano.
Ríe tú de la montura imposible,
ríe de mi desmaña
en relación con la meta y el móvil.
Y luego, Jacinta, luego,
10   como sanos deportistas,
riámonos del descubrimiento.
Seremos más fuertes
al medir nuestras debilidades.

En **Ms.**, en el verso 5 se ha tachado una segunda "Jacinta"; no está acentuado el "tú" del mismo verso; tampoco lo está la palabra "móvil" del verso
8 y se tacha lo que parece ser "buenos" con la palabra "sanos" del verso 10,
y en el último se elimina la palabra "de" inmediatamente anterior a "al".
En el verso 12 del **Ms.** aparece "fuerte" por "fuertes".

XIV. JACINTA QUIERE ESTUDIAR EL TEATRO RUSO

L AS plataformas secas y los planos interferidos,
las rampas que se sumergen en lo negro,
todo ese mundo descarnado donde la carne
                              humana sorprende,
fue para Jacinta magneto irresistible.
5   —¿Iremos, iremos a Moscú?
Vámonos, vámonos.
—Sí, vámonos. A ese teatro ruso. A ese teatro rojo,
a ese universo de tacto y no-tacto,
de mano de ciego en el vacío
10   y pie de ciego en clavos de punta.
Vámonos, porque tú también eres algo rusa.
Vámonos, porque yo también soy algo ciego.
Vámonos. Tú, como bailando.
Yo, como leyendo.

En **Ms.** están acentuados los monosílabos "fue" (verso 4) y "pie" (verso 10)
y no lo están las palabras "vámonos" del verso 7 y "también" del 12 y 13.

En el verso 10 está tachada la palabra "entre" inmediatamente antes de
"en clavos de punta".

En **Lit.** se incluye una "e" entre las palabras "magneto" e "irresistible"
(verso 4) que no se encuentra en **Ms.**

XV. NO HAY DERROTAS CON JACINTA

JACINTA niega la derrota en amor.
No hay vencidos ni vencedores.
De su penosa y dulce brega
salimos siempre enriquecidos.
5   ¡Eso, Jacinta! ¡Eso!
Por tu divina intención, un durísimo beso.
Aunque luego te vea palidecer
ante un drama sentimental
donde Gilbert, John Gilbert,
10   sufre la derrota de una estrella fotogénica.

Este poema se incluye sin variantes en "Antología", *Poesía,* núm. III, Málaga, 1930.

En **Ms.** y en el verso 3 aparece tachada "en" antes de "su penosa" y en el número 8 "con" aparece tachada, quedando así definitivamente "ante".

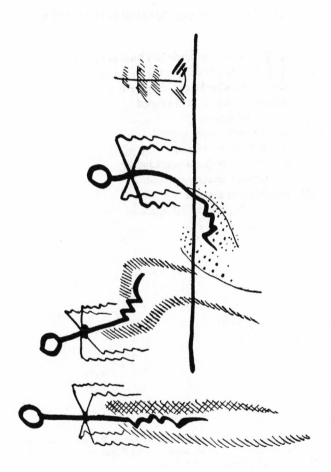

XVI. YO QUIERO MERENDAR CON JACINTA

¡J ACINTA muerde tan bien la cereza!
  Jacinta tiene áspera la melena,
pero con ondas largas, como sus piernas.
Jacinta se tiende en el césped
5   como en un mar;
Jacinta es la mujer perfecta
a la hora de merendar.
Jacinta se emociona con Lincoln
por austero tenaz y político,
10   muerde una tostada
y me da la parte mordisqueada.

En **Ms.** aparece, en el título, "Dora Winter" o "Winker" o "Winher" en lugar de "Jacinta". Y en los versos 1, 4, 6 y 8 aparece solamente "Dora" que se tacha igualmente por "Jacinta".

Al empezar el poema hay dos versos iniciales, tachados concienzudamente, que el autor se empeñó en que no pudieran ser descifrados; ni siquiera interpretados.

En el verso 4, "césped" aparece sin acento; en el 8, "Lincon" por el definitivo "Lincoln"; en el 11, "dá" por "da"

XVII. JACINTA EN TOLEDO

*(A media noche junto
a Santo Domingo el Real)*

E L instinto le anuncia lo insólito.
Tensamente, Jacinta, espera lo insospechado.
No sabemos a donde van las calles, qué
                        hondura tienen.
No sabemos si los negros fondos ocultan
                        seres humanos.

5   Bate un esquilón. Se arrastran y rozan
                        cordeles secos.
Gruñen todos los ejes y bisagras de Toledo.
Falto de secreción el tiempo está oxidado.
La bujía de un farolillo marca dos columnas
                        y un alero

De súbito, en la tirantez de la nada viva,
10   voces tapiadas, vocecitas de mujeres niñas.
Vemos el color de sus tocas,
sentimos la aspereza y el olor de sus hábitos.

En **Ms.** y en el verso 5 está tachada la palabra "unos" inmediatamente antes de "cordeles". En el verso 6 hay muchas palabras eliminadas de las que sólo podemos identificar "la ciudad". Sobre la tachadura aparece la palabra "Toledo" que es la definitiva que queda en la edición.

En **Lit.**, en el verso 6 aparece "visagras" por "bisagras".

En **Ms.** la palabra "tiempo" no se escribe con mayúscula como se hace en **Lit.**

En **Ms.**, en el 10, antes de "tapiadas" aparece una palabra indescifrable igualmente tachada. En el 11 y tras "tocas" se hacen desaparecer las palabras "sentimos la" que sí están en **Lit.** como las primeras palabras del verso siguiente.

Vemos sus penitentes lechos durante las pausas
del cántico.
¿Es esto? — ¿Es aquello? —¿Cuándo vivimos?
— ¿En dónde?
15   ¿Por qué? — ¿Para qué? — ¿Bizancio? —
¿Roma?

Anterior al verso 14, existe en el manuscrito todo un verso tachado,
en el que podemos leer solamente las siguientes palabras: "De súbito,
por los" ...y "las celosías".
En los versos 14 y 15 las palabras "dónde" y "qué" no están acentuadas.

XVIII. ¡DOS AMORES, JACINTA!

¿**H** A Y un amor español
y un amorzuelo anglo-sajón?
Míralos, Jacinta, en las arenas jugando.
Míralos, encima de la cama, saltando.
5   Mira ése, medio heleno y medio gitano.
Mira ese otro con bucles de angelillo intacto.
Uno es torillo, —torillo bravo—
y otro, encaje o capa —lienzo de engaño—.
Mira los ojos negros
10   y los azules claros.
Mira el amor sangriento
y el amor nevado.
El torillo-amor con su flor de sangre
y el amor-alpino, de choza, nieve y barranco.

Este poema se publica en la *Antología* de Gerardo Diego (1915-1931) con una variante: el signo de admiración inicial en el título del mismo, que no aparece en **Lit.**

En **Ms.**, en el verso 2, aparece "anglo-sajón" sin acento. En el 4, el propio autor separó "de" y "la" que iban formando una sola palabra. En el 6 están tachadas, según interpretamos, las palabras "los cabellos" por "bucles". En el verso 8 se tacha una palabra que no desciframos y que aparecía en lugar de "capa".

Los versos 11 y 12 aparecen tachados. Del primero de ellos distinguimos la palabra "yo" y "los azules, Jacinta" y del 12, "tú los sombríos". El verso 13 comienza por una tachadura que no acertamos a desvelar.

XIX. OBSERVACIONES CON JACINTA

MIRA, peliculera Jacinta,
mira bien lo que tiene por nariz el elefante.
Mira lo que necesitamos para sentarnos,
mira la casa inmensa que tiene lo que llamamos rey.
5   Mira esto de dormir, levantarse, dormir y
levantarse;
mira la mujer y el hombre que contratan no
separarse jamás;
mira al canalla, dueño de nuestro globo;
mira cómo la flor tierna sale del suelo duro;
mira que de los palos de los árboles
10 nacen comestibles aromáticos.
Mira que del cielo puro nos llegan
agua, rayo, luz, frío, calor, piedras, nieve.
Absurdo y misterio en todo, Jacinta.

Este poema aparece en la *Antología* de Gerardo Diego con dos variantes: en el verso 8 "como" aparece acentuado y en el 12, la palabra
"nieve" se publica en plural. En **Los.** aparece también el "como", del verso 8, acentuado, pero no en **Lit.**

En **Ms.** las palabras "árboles" y "frío" de los versos 9 y 12, aparecen
sin acentuar.

XX. JACINTA SE CREE ESPAÑOLA

E H , Jacinta, ¿qué hay?
          Te vas poniendo seria.
Peli, mi pelirroja, ¿qué mudanza de ánimo?
¿Es por aquel jinete guerrillero y serrano,
5   y por aquel paisaje lunar,
y por aquel vino y aquella copla gitana,
y aquella frailería militante,
y aquellos hombres de luces que quiebran toros?
¿Es por estos poblados míseros, de seres que
                    miran como gallipatos?
10   ¿Es por las grandes iglesias y los pintores de cosas
                    divinas?
¿Es por el Tiempo derramado y no recogido,
por el Tiempo hecho basura?
¡Jacinta! ¡Jacinta! La seducción es un engaño.

Jacinta mirándome exclama:
15   "¿Y lo dices tú?"

En **Ms.** la palabra "vas" aparece acentuada (verso 2) y la palabra "mirándome" (verso 14) sin acentuar. El verso 3 termina claramente en un
signo de interrogación.

En el verso 4 encontrarmos "en la serranía" en lugar del definitivo
"serrano". En el mismo aparece "jinete" con "g", exactamente igual que
en **Lit.** Sin embargo, Moreno Villa corrigió el error en *Vida* y en **Los.**:
"jinete"

En *Vida* (pp. 157-158) el verso 8 se desdobla en dos: "¿Es por estos
poblados míseros, / de seres que miran como gallipatos?", y el 9 en:
"¿Es por las grandes iglesias / y los pintores de cosas divinas?". Pero en
Los., de publicación posterior, vuelven a la disposición de **Lit.**

2.ª Parte

16/ Yo quiero merendar con ~~Dorotea~~ Jacinta

~~Dorotea la desprecia~~
~~Dorotea la desprecia Dorotea~~

Jacinta
~~¡ Dora~~ muerde tan bien la cereza !
Jacinta
~~Dora~~ tiene áspera la melena.
pero con ondas largas, como sus piernas.
Jacinta
~~Dora~~ te tiende en el césped
como en un mar ;
Jacinta
~~Dora~~ es la mujer perfecta
a la hora de merendar.
Jacinta
~~Dora~~ se emociona con Lincoln
por austero, tenaz y político,
muerde una tostada
y me la' le parte mordisqueada .

Manuscrito autógrafo de
Jacinta la Pelirroja.

JACINTA ES INICIADA
EN LA POESÍA

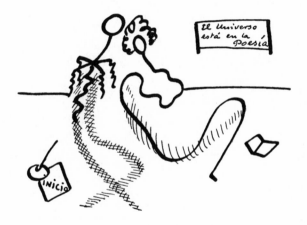

En **Los.,** el encabezado de esta segunda parte aumenta a: "JACINTA
ES INICIADA EN LA POESÍA MEDIANTE POEMAS DE VARIADOS
TONOS Y SENTIMIENTOS".

I. SI MEDITAS, LA LUNA SE AGRANDA

Yo tengo un tren que descarrila,
pero del que siempre salgo con vida.
¡Ven, vamos! Viaje de cien días
y después, mano alta y sonrisa.

5   Por el bien y el cómo y el porqué
morimos de asco y pesadez.
Mira que la luna se agranda
si la enfocas una hora larga.
Mira que te come la luna.
10 Mira que está sobre la nuca.
Luna... luna.

Tengo lista la avioneta.
La que con el aire tropieza,
sin que jamás le estorbe la tierra.

15 ¡Ven, vamos! Sin rumbo, ni estrella.
Después, un hopo de zorra en la atmósfera quieta.

En **Los.** el título se publica sin la coma (,) tras la palabra "meditas".
En **Lit.** hay una errata en el verso 2: "sienpre" por "siempre". Y en el
verso 10 se cambia "tu" por "la".
En **Ms.,** en el verso 3 hay una tachadura sobre lo que creemos identificar como "un" antes de la palabra "viaje" y las palabras "ven, vamos"
se escriben entre admiraciones. Igual que en el verso 15. En el 4, hay dos
palabras eliminadas: "en" (¿?) o "con" (¿?) antes de "alta" y otra, imposible de identificar, anterior a "y sonrisa". El verso 5 está tachado por
completo y es en **Lit.** donde se transfiere fielmente. El que hubiera sido
el verso 13 está tachado en su totalidad: decía "pero jamás la vida me..."
y una palabra que no podemos identificar. Inmediatamente después aparece el que en **Lit.** constituye definitivamente el número 13.
En **Ms.** la separación existente entre los versos 14 y 15 es mayor que
en **Lit.**

Si meditas, la luna se agranda.
Si meditas, la remolacha
sabe a tierra y escarcha.

II. EL DUENDE

H O Y quiero decir del duende.
Del duende que va y se acuesta
y se levanta en la linde de la vida quieta.

He perseverado en vigía
5   noche tras noche y tras día.
El duende sabe y no sabe de la vida quieta.

Cuando me olvido del duende
es que el duende me alimenta.
El duende sale y no sale por esta pluma
que cuenta.

10. Él arrima el sauce al río
y el acierto al desvarío.
Él es máquina; pero máquina incierta.

Este poema se publica en **Lit. 8** sin ninguna separación entre estrofas
y con dos pequeñas variantes en el verso 8: termina el verso en punto y
coma (;) y, en el verso 10, detrás de "Él" existe una coma (,).
   En **Ms.** las variantes son las siguientes: en el verso 10 detrás de "Él"
hay una coma (,); el verso 16 parece que termina en coma (,) y entre los

Con el duende pesan los muertos
de mi nación por mi corazón
15   dejando una puerta cerrada y la misma abierta.

Voy con el duende a donde tú me ocultas.
Mujer. No hay lámpara más plena.
Todo lo ilumina y lo pone en tinieblas.

El duende roba los luceros
20   y los clava en algunos cerebros.
Pero más tarde los desclava y los suelta.

Este duende que ha ceñido
el mundo con un cerquillo
es un máximo y un pésimo poeta.

25   Rompe los dólmenes más recios,
maneja sin romper las burbujas de jabón
y teje y desteje las ideas.

Sale temprano, nadie sabe a dónde.
Nadie sabe cuándo retorna.
30   Lo hallaremos cuando menos se piensa.

¿Es como un hilo en una sombra de cristal?
¿Es como la mirada que corre
por el cielo dos siglos después de hecha?

¿Es el duende ése,
35   la cosa ésa

---

versos 40 y 41, hay un espacio mayor. Y no se acentúan las palabras
"dónde" y "cuándo" (versos 28 y 29) ni los "ése", "ésa" y "ése" en los
versos 34, 35, 36.
    En **Los.**, en el verso 25, se corrige la acentuación en "dólmenes".

que mira ése
cuando ya no está en el suelo que le sustenta?

Yo sé un poquito, muy poco del duende.
No sé sino que viene y se aleja
40   y que su figura, es como eso... como esa...
como el remolino
de dos granos de arena
en el hemisferio boreal
de la divina conciencia.

III. CAUSA DE MI SOLEDAD

N o es afán de apartamiento
sino atención al secreto.
Soy yo mi medio.

No es orgullo ni desdén,
5   sino hambre de conocer.
Soy pico y pared.

La solución de los otros
no me basta; siendo asombro.
Soy mi piloto.

10   Quisiera morir habiendo
sido poeta, carpintero,
pintor, filósofo, amante y torero.

¡Ah! y cantor negro
de un jazz que siento
15   a través de diez capas del suelo.

Este poema fue desechado en **Los.**

En **Ms.** aparece tachada una variante sobre las tres últimas palabras del verso 2, donde puede leerse con cierta dificultad la palabra "lealtad" por "atención"; en el verso 5 aparece una tachadura que no podemos desvelar, antes de "hambre" y en el verso siguiente puede leerse claramente la palabra "Quiero", empezándolo; en el verso 8 se han tachado unas palabras irreconocibles, para poner sobre ellas las definitivas "siendo asombro".

En *Vida* (p. 204) se reproduce sin división estrófica; el verso 1 termina en coma (,); el verso 13 se inicia: "¡Ah! y..." y en el 14 "jazz" va entre comillas ("").

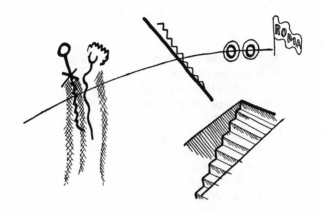

IV. VANIDAD

H E puesto cinco plumitas de avestruz
en este tablero;
y he mirado luego a lo alto
a ver las caras de los luceros.

5   Es así lo de todos los días.
Lo de todos los hombres,
magnates y pordioseros.
Cinco plumitas de avestruz
y un "¿qué decís, lucero?"

En **Ms.** el primer título del poema era "Soberbia" que se tacha y cambia por "Vanidad"; la coma (,) al final del segundo verso, en el original es punto y coma (;); entre los versos 4 y 5 hay un espacio mayor; en el 9 está tachado el verso: "Y... ¿qué decís, lucero" por "Y un ¿qué decís, lucero?" (sic.) y no la publicada "y un ¿qué dices, lucero?" en **Lit.**
Debajo del poema está tachada la siguiente estrofa:

"me voy de la región,
porque la región y la nación..."
sí, porque la nación,
no cabe en tu corazón,
tolón, tolón.

𝒟

H ICE una 𝒟 tendida como una barca
y todo mi cuarto se hizo playa.
Sentía el rumor rizado de la orilla
y el alquitrán que hay bajo la luz marina.

5   La 𝒟 tiene su vela blanca y panzona,
       su estela,
       su verga,
       y su bandera.
       Vino hasta mí venciendo el monte,
10   la reja, la escalera y la puerta cerrada.
       Vino sin pescadores,
       sin remos, redes ni boquerones.

       Aquí está la 𝒟 ladeada,
       lancha en la orilla encallada,
15   perdida yo no sé dónde
       y hallada sobre mi nombre.

Este poema se publica en **Lit. 8** sin separaciones estróficas entre los
versos números 4 y 5, y 12 y 13.

En **Ms.** antes de la definitiva "reja" del verso 10 se han escrito y tachado las palabras "verja" y "puerta"; en el verso 14 la palabra "enca-
llada" aparece como "encayada"; en el siguiente verso se ha tachado
"en" por "yo" y en el último se ha eliminado "aquí salvada" por las definitivas "hallada sobre mi nombre".

En **Lit.** en el verso 15, "donde" va sin acento.

VI

Y A no vuela, ya no canta,
   ya no es pájaro siquiera.
No es negro, pardo ni blanco,
no es sombra ni es entelequia.
5   Si es pájaro, es mi pájaro
insensible a la escopeta,
inmortal, porque es su cuerpo
es espíritu, mi letra.

Este poema fue desechado en **Los.** En **Ms.** aparecen en la misma página los poemas VI y VII. En el primero de ellos existen varias correc-
ciones. La primera de ellas entre los versos 2 y 3, donde puede leerse con
cierta claridad: "Este... (¿?) pájaro... (¿?)". La segunda está en el verso
3 donde Moreno Villa comienza por mayúscula aunque el verso 2 termina en una coma (,). El verso 4 está tachado en su integridad y decía:
"ni de otro color cualquiera". El verso 5 comienza por "si es" que se su-
perpone a "Es un" que se tacha. Es decir, el verso de Moreno Villa es "si
es pájaro, es mi pájaro" y no el que aparece en **Lit.**: "Pero es el mío, es
mi pájaro". Por último, el verso 11 comienza por "que", tachado posteriormente.

VII. CUADRO CUBISTA

A QUÍ te pongo, guitarra,
en el fondo de las aguas
marinas, cerca de un ancla.
¿Qué más da
5   si aquí no vas a sonar?
Y vas a ser compañera
de mi reloj de pulsera
que tampoco ha de marcar
si es hora de despertar.
10 Vas a existir para siempre
con la cabra sumergida,

Este poema se publica sin variantes en "Antología", *Poesía,* III, 1930.
En **Ms.** después del título: "Cuadro" existe un punto (.), y después se
añade "cubista" con la misma letra (¿no la de Moreno Villa?) que encontramos en la titulación de la segunda parte. En el verso 5 la palabra
"vas" se acentúa ("vás"). Hay una palabra tachada en el verso 10 antes
de "existir" que no podemos identificar. Antes del verso 14 existen tres
tachados y el comienzo de un cuarto: el primero de ellos podría comen-
zar por "Sería como..." (con una tercera palabra que no reconocemos) y
los otros dos que se leen con cierta facilidad son "Y yo voy a contem-
plarte / como a los demás objetos". El comienzo del cuarto verso tachado dice claramente "con ojos".

la paloma que no vuela,
y el bigote del suicida.
Tiéndete bien, entra en forma,
15   sostén tu amarillo pálido
y tu severa caoba;
conserva bien las distancias
o busca la transparencia.
Lo demás no me hace falta.

El verso 14 comienza en **Ms.** "tiéndete" (sin acento), y termina con
"entra en forma" y no con "entra enferma" (¡!) como aparece en **Lit.** Es
una errata que se corrige en **Los.**, donde aparece el "en forma" correcto.

VIII

E s inútil todo intento de concordia:
la jirafa tiene más día que yo,
y la estilográfica no le sirve al canguro.

Si supiéramos cuantos pelos llevamos en la cabeza,
5   sabríamos hablar de la belleza
con aproximación.

Y si conociéramos el corazón
veríamos que *Hola* vale por *Adiós.*

En **Ms.** el poema comienza por dos versos tachados de los que se pueden descifrar las siguientes palabras: en el primero "Las girafas, que...
de sol más... que el hombre" y en el segundo "y... que... misma(o) respiran cristal que...". (Véase la introducción).
    En el verso 2 aparece igualmente "girafa" por "jirafa". En el 4 "su-
piéramos" se escribe sin acento, lo mismo que en el 5 "sabríamos". En
el verso 8 "conociéramos" no se acentúa y después de "corazón" no aparece la coma (,). En el último verso las palabras "Hola" y "Adiós" (esta
última palabra aparece sin acento) van ambas subrayadas.

IX. A LA MADRUGADA

C IEN trenes, cien barcos
y un millón de locos bailando.

Bajo las nubes y la luna
motores ciegos y voluntades oscuras.
5   Los peces duermen.
No sé quien es el búho de la mar.
Los pájaros duermen.
Los apaches del aire vuelan sobre el rabadán.
La oveja blanca y el pico negro
10   dibujan la violencia en el silencio.
Con el motor obtuso del barco
rima un corazón desvelado.
Con los émbolos de los trenes en marcha
funcionan dormidas, dilatadas las esperanzas.

En **Los.** este poema fue desechado. En **Ms.** aparece antes del título un
3. Y dos versos tachados que transcritos son: "Locos seremos. Los trenes que vayan Europa (sic.), / los barcos,". En el verso 4 existe una palabra tachada indescifrable e igualmente otra en lugar del "con" del verso 13. En ese mismo verso "émbolos" no se acentúa, igual que la palabra "búho" del verso 6, como se reproducen en **Lit.** En el último verso
se ha tachado la palabra "infinitas" y se ha optado por "dilatadas las".

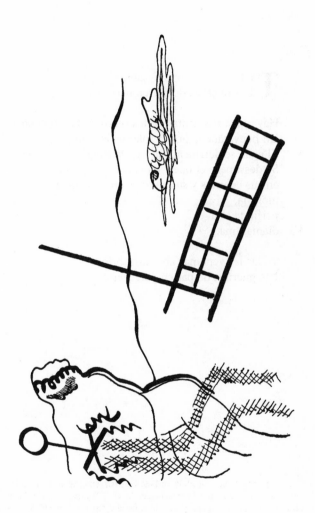

X

T ODAS las ventanas, abiertas: ¡tírate!
Las puertas, de par en par: ¡vete!

Hay una curva lenta por los senos de la montaña.
Un buey lame la hostia solar en el agua.
5   El agua se derrite al calor de la lengua.
Se desvanece el buey. La curva se proyecta
en sus cuernos y sus cuernos crean la luna
moruna,
perfil de teta
10   diamantina.

Todas las ventanas abiertas: ¡brinca!
Las puertas, de par en par: ¡vete!

Este poema no se reprodujo en **Los.** En **Ms.,** en el espacio entre los
versos 2 y 3 aparecen palabras tachadas: "irse" (¿?) y más abajo "la" con
otra palabra que no logramos descifrar. En el verso 3 se ha tachado "entre" antes de "los senos", y después de "la montaña" no existe puntuación alguna. En el verso 11 se elimina la palabra "tírate!" (¿?) por la definitiva "Brinca!".

XI

C O N el bizco de las tenazas
   y con las caderas de la gitana
que burla entre pencas,
gorriona, las balas.
5   Allí entre calderos,
borriquillos y varas
de percal.
Entre lacias
cabelleras grasientas,
10   con la luna por el alma,
y el sol triste de Mesopotamia
estoy cantando, comiendo,
la copla asiática
negra, carnal y mística
15   del corazón, vino, sangre y faca.

Este poema se reproduce sin variantes en **Los.** y se titula "Ambiente". En **Ms.** existen cuatro versos iniciales que se tachan y que nos atrevemos a transcribir de la siguiente manera:

"Con el bizco,,, de las tenazas
rueda (¿?) y se yergue la gitana
... olivo, una tórtola un guardia
de las chumberas... gorriones y balas".

En el primer verso creemos poder asegurar —comparando con otras palabras en que la "z" es final de sílaba ("pellizquito —de "Cuando salga la gaviota"—, "pellizcarán" del mismo poema, etc...)— que Moreno Villa escribe "bizco" y no "bisco" como se reproduce en **Lit.**

En el verso 3 se tachan las palabras "juega en las" y quedan, "burla entre" y en el 5 queda "entre calderos" por haberse tachado "con los" antes de "calderos". En el verso 6 se eliminan "los" antes de "borriquillos" y "las" antes de "varas". Se tachan los versos 8 y 9 que se compusieron inicialmente como "Entre cabelleras lacias / y grasientas, sale la sin Dios ni ley" por las definitivas "Entre lacias / cabelleras grasientas".

En los versos 13 y 14 las palabras "asiática" y "mística" aparecen sin acentos.

XII. ESTÁ DE MÁS Y ESTÁ DE MENOS

MIRADLE con su signo de más,
con su imponderable y oscura crucecita,
en el pecho, en la frente, en la espalda.
Huye. Sobra.
5   Los estanques están llenos, y los globos.
Abarrotados los navíos.
En los jardines no cabe un alma.
El cielo anuncia la plétora.
¿Qué camino andar? ¿Adónde ir?
10 Desde su caja,
cuando llega el sueño
ve, sin embargo
salir una recta
que va a los parques, a los navíos,
15 a los globos, a los estanques, al cielo,
y remata siempre
en su signo *menos*.

A partir de este poema y hasta el último (nueve en total) y como dijimos en las palabras previas de nuestra edición, estos poemas no se encuentran en el manuscrito de la Residencia de Estudiantes.
Este poema no se incluye en **Los**.
En **Lit.,** verso 12 "vé" con acento.

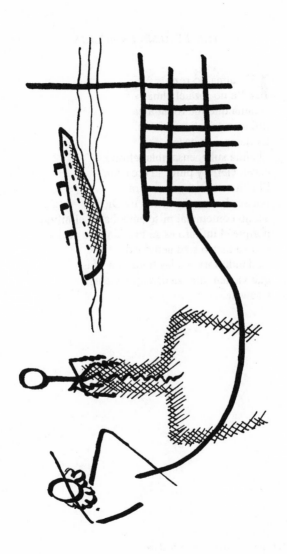

XIII. EL ALMA EN ACCIÓN

E L alma no reza.
  Ya no reza el alma,
el alma que fue romántica
tiró su romántica peineta.
5   Es tiempo de hacer.
El alma sube, ensambla, afirma,
clava, cierra y pinta su creación.
El alma se basta y se sobra
por ser la esencia misma de Dios.
Ya no contempla, ni se emboba en el infinito,
porque el infinito es su medida y su acción,
con su metro y su actividad
va dando forma a las horas amorfas
que vienen, que vienen, que vienen
15   y se van.

Este poema no se incluye en **Los.**

XIV. CONTRA PRESAGIO

N̲O salgas, cu-cú del suceso.
No salgas, déjame indefenso.

Déjame bienaventurado,
boquiabierto y ensimismado;
5   bobo de amor por la flor que brota
y el pájaro que pía;
bobo por la radio que canta
y por la boca de Jacinta.

No salgas, cu-cú del suceso.
10   Déjame en la mar indefenso.

Este poema se reproduce en **Lit. 5-6-7** con las siguientes variantes: en
los versos 1 y 9 "cucú" por "Cu-cú". El verso 1 termina en punto y coma (;). En el 2, "No" aparece en minúscula. En el 4 se sustituye el punto y coma (;) por coma (,). En el 8 "y por la boca de blancas filas" en lugar de "y por la boca de Jacinta". Y en el 10 aparece una coma (,) después de "en la mar".

XV

"**A**HORA está el viento sur entre los
               bárbaros
que se nutren de jazmines azules".
Lo dice astutamente la lechuza
que veranea en negro junto al río.
5   Si tuvieras el lazo, aquel pampero,
cogerías al viento por las astas.
Y, entonces, la lechuza te diría:
"El viento norte vive con los cafres
que se alimentan de amapolas y cenizas".

Este poema se publica en **Los.** bajo el título "Así se comporta la lechuza" y con las siguientes variaciones: se divide el poema en dos estrofas entre los versos 4 y 5.

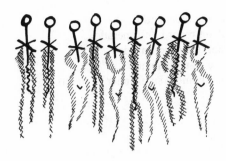

XVI. MUNDO

BIEN irá el mundo cantando.
　 Bien fue llorando.
No todo es monte,
no todo es plano.
5　Detrás de un ay se levanta el sol
y las golondrinas del Gólgota giran sobre mi yo.
Bien irá la tierra cantando
por lo mucho que fue llorando.
Le saldrán con sus capirotes
10　los negrazos penitentotes
y la rechazarán por loca.
¡Loca, la bola que baila sola!
Que está bailando,
y a ratos llorando,
15　sin perder trayectoria, ni paso;
que está bailando
con el corazón olvidado
o con el corazón entre las manos;

Este poema se reproduce en **Los.** omitiendo los versos 17, 18 y 19.

que sigue bailando
20 tras un récord desesperado,
   —aunque esperanzado—
   y que sigue bailando
   con su vino y su espuma de llanto.

En **Lit.**, verso 20, "record" sin acento.

XVII. INFINITO Y MOTOR

DIMINUTAS bandas peregrinas del aire
　　llevan de un hilo
tensa mi atención.
Con su disciplina, su frío y su mecha
5　　¡qué lejos de mi encuentro,
de repente, a mi yo!
¡Nadie dispare sobre esta vida del cielo!
—En pluma y pico,
afán campeador.—
10　Nadie ponga cepos ni redes
a quienes vuelan volando su corazón.
Hay un ay en la copa del árbol
cuando pasa la banda
rozando su flor.
15　Hay un ay en el hacho del monte;
hay un ay en la nube sonámbula.
Hay un ay en la corte de Dios.

Sumergido en silencio verde
y en el silencio del campo del sol,
20　los giros errabundos se trazan
en armonía con mi yo.
Voy dibujando, creo dibujar,
según mi deseo interior,
la elipse, la parábola, el círculo,
25　y la muda espiral de amor.

Este poema se incluye en la *Antología* de Gerardo Diego con las siguientes variantes: el verso 8 empieza con minúscula: "—en". Existen separaciones estróficas entre los versos 11 y 12, y 21 y 22. El verso 25 se
transcribe: "y la muda espiral del amor".

Voy con un cántico insonoro
adornando mi aviación:
este vuelo que no sé si es mío,
de los pájaros o del creador.
30   Se acaban los tamaños del mundo,
y el tiempo pierde su reloj.
Las estrellas se caen al fondo,
no hay más que infinito y motor.

XVIII. JACINTA EMPIEZA A NO COMPRENDER

J ACINTA no ve que siendo dulce es amarga,
no ve que su figura es de hueso y de carne,
de marfil y de cuerno,
de sangre, de piel, de cabellos, de agua,
5 de memoria, de voluntad, de inteligencia,
de amores y de odios
de pasiones confusas y ensoñaciones claras.
No ve, Jacinta sino el resultado.
No ve, la divina tramoya.
10 No ve los dramas de la roca en la orilla,
del pensamiento caminando sobre sí mismo,
de la rosa en el fango.
¡Mundo resuelto,
vida resuelta,
15 final besucón de película!
Sí... Pero...
debajo de los muebles, detrás de las cortinas,
en el fondo del baño, sobre el lino nupcial,
kilómetros, millas de aburrimiento.

Este poema se reproduce en **Los.** eliminando el acento de la palabra
"ve" en los versos 1, 2, 8, 9 y 10, que tiene en **Lit.**.

XIX. JACINTA ME INCULPA DE DISPENDIOSO

A L lado del tacaño, me siento manirroto, Jacinta.
Se crearon los pájaros al ver los elefantes,
y nuestra tierra en vista del inmenso vacío.
Abre, Jacinta, los ojos a la creación
5   las manos y todo tu ser.
Que se caigan y se pierdan los dólares.
Hay un dolar de más alta valía,
el que no resbala de la bolsa de cuero;
el que se acuña y sale nuevo cada mañana;
10   el que viaja sin la rosa de los vientos;
el que pone su voluntad en las Indias ocultas;
el que concuerda lo lejano;
el que esclarece lo confuso;
el que no miente;
15   el que no baja;
el que sigue tirante una raya de soledad.

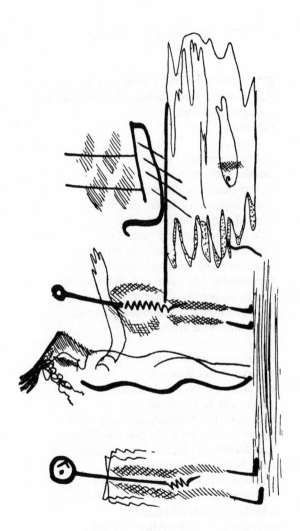

XX. ISRAEL, JACINTA

DESPUÉS de tan venturoso y adverso viaje
me obsesiona, Jacinta, el Templo de Salomón,
—columnas de oro;
Sabiduría
5   y Amor.—
Un rey barbudo
cantaba cantares de pasión,
todo el pueblo se disgregaba
con el soplo constructivo de Dios,
10   pero, al remate de los años mil,
cada súbdito es un rey Salomón.
Este libro, ¿de quién es?, de un judío.
Esta mina, ¿de quién es?, de un hebreo.
Esta ciencia, ¿de quién es?, de un semita.
15   ¿No es un hebreo el máximo actor,
y el Ministro de la Economía universal,
y el maravilloso inventor?

Davides surcan los mares de petróleo
sin arpa, ni cetro de sol;
20   con arcas que no son de alianza
y leyes que no son de amor.
Hay un eterno Abraham de ojos gordos
que mata y no mata por orden de Dios
y un Moisés que cruza el mar océano
25   hacia la tierra de promisión.
Hay una Sara y una Ruth y una Ester
en Hollywood, Minesota, Nueva York
y las borriquillas de Nazaret
se construyen en los talleres de Ford.
30   El Líbano, ya no sé donde cae,

y el Gólgota cambia de sangre y de nación.
Los profetas jibosos y narigones,
salen del seminario sajón
y, siempre, descalzo, gemebundo y seboso
35 recorre el litoral mediterráneo, Job.

ÍNDICE DE LÁMINAS

Página

Portada de la primera edición de *Jacinta la pelirroja* 73

Florence, la auténtica "Jacinta", según un dibujo de Moreno Villa. Debajo: firma autógrafa del autor 74

Manuscrito autógrafo de *Jacinta la pelirroja* ... 104

ESTE LIBRO
SE TERMINÓ DE IMPRIMIR
EL DÍA 20 DE OCTUBRE DE 2000

clásicos **castalia**

ÚLTIMOS TÍTULOS PUBLICADOS

223 / Juan de Mena
LABERINTO DE FORTUNA
Edición, introducción y notas de
Maxim Kerkhof.

224 / Francisco Manuel de Melo
GUERRA DE CATALUÑA
Edición, introducción y notas de
Joan Estruch Tobella.

225 / Lope de Vega
FUENTE OVEJUNA
Edición, introducción y notas de
F. López Estrada.

226 / Gabriela Mistral
ANTOLOGÍA POÉTICA
Edición, introducción y notas de
H. Montes Brunet.

227 / José Bergamín
ANTOLOGÍA POÉTICA
Edición, introducción y notas de
D. Martínez Torrón.

228 / José Asunción Silva
POESÍAS
Edición, introducción y notas de
Rocío Oviedo y Pérez de Tudela.

229 / Carlos Arniches
LA SEÑORITA DE
TREVÉLEZ. LOS CACIQUES
Edición, introducción y notas de
A. Ríos Carratalá.

230, 231, 232 / EL CUENTO
HISPANOAMERICANO EN
EL SIGLO XX, I, II y III
Edición, introducción y notas de
Fernando Burgos.

233 / PRIMERAS
PROMOCIONES DE LA
POSGUERRA.
ANTOLOGÍA POÉTICA
Edición de F. Ruiz Soriano.

234 / Miguel de Cervantes
EL RUFIÁN DICHOSO
Edición, introducción y notas de
F. Sevilla Arroyo.

235 / Ángel Ganivet
LOS TRABAJOS DEL
INFATIGABLE CREADOR
PÍO CID
Edición, introducción y notas de
José Montero Padilla.

236 / Alberto Insúa
EL NEGRO QUE TENÍA
EL ALMA BLANCA
Edición, introducción y notas de
Santiago Fortuño Llorens.

237 / José Ortega y Gasset
LA REBELIÓN DE LAS
MASAS
Edición, introducción y notas de
Thomas Mermall.

238 / Alejo Carpentier
LA CONSAGRACIÓN DE LA PRIMAVERA
Edición, introducción y notas de Julio Rodríguez Puértolas.

239 / Claudio Rodríguez
DON DE LA EBRIEDAD. CONJUROS
Edición, introducción y notas de Luis García Jambrina.

240 / **ANTOLOGÍA DE LA POESÍA ESPAÑOLA DEL SIGLO XX, vol. II: 1940-1980**
Edición, introducción y notas de José Paulino Ayuso.

241 / Alonso Zamora Vicente
NARRACIONES
Edición, introducción y notas de Jesús Sánchez Lobato.

242 / Ruy González de Clavijo
EMBAJADA A TAMORLÁN
Edición, introducción y notas de Francisco López Estrada.

243 / Francisco de Quevedo
EL CHITÓN DE LAS TARABILLAS
Edición, introducción y notas de Manuel Urí Martín.

244 / Francisco Navarro Villoslada
DOÑA TODA DE LARREA O LA MADRE DE LA EXCELENTA
Edición, introducción y notas de Carlos Mata Induráin.

245 / María Teresa León
MEMORIA DE LA MELANCOLÍA
Edición, introducción y notas de Gregorio Torres Nebrera.

246 / Tirso de Molina
DESDE TOLEDO A MADRID
Edición, introducción y notas de Berta Pallares.

247 / Vicente Medina
ANTOLOGÍA POÉTICA
Edición, introducción y notas de F. J. Díez de Revenga.

248 / Bartolomé de las Casas
BREVÍSIMA RELACIÓN DE LA DESTRUICIÓN DE LAS INDIAS
Edición, introducción y notas de Consuelo Varela.

249 / **PROSA ESPAÑOLA DE VANGUARDIA**
Edición, introducción y notas de Ana Rodríguez Fischer.

250 / Ruiz de Alarcón
LA VERDAD SOSPECHOSA
Edición, introducción y notas de José Montero Reguera.

251 / J. A. Zunzunegui
LA VIDA COMO ES
Ed. de Pilar García Madrazo.

252 / Inca Garcilaso de la Vega
COMENTARIOS REALES
Ed. de Mercedes Serna.

253 / Max Aub
CAMPO DE LOS ALMENDROS
Ed. de Francisco Caudet

254 / José Moreno Villa
JACINTA LA PELIRROJA
Ed. de Rafael Ballesteros y Julio Neira.